안에 있을까?
밖에 있을까?

# 안에 있을까? 밖에 있을까?

월호 · 배종훈 지음

민족사

차례

## 1장 삶을 멋지게 즐기는 법



## 2장 문 안의 수행 문 밖의 수행

## 4장 참선의 핵심 키워드



## 5장 프레임에서 벗어나기

들어가는 말

# 의미와 재미가 만나면?

참선은 리셋이다. 바로 지금 여기에서 몸도 탈락, 마음도 탈락시키는 것이다. 몸과 마음이 벗겨지고 떨어져서, 몸뚱이 착(着)이 사라지고 분별심이 쉬게 되면 무엇이 남을까?

그냥 육근(六根)의 무더기가 있을 뿐이다. 눈 · 귀 · 코 · 혀 · 몸과 뜻의 조합이 있는 것이다. 이러한 육근의 무더기는 보고 듣고 느끼고 알 뿐이다. 보이는 것을 보기만 하고, 들리는 것을 듣기만 하고 느껴지는 것을 느끼기만 하고, 아는 것을 알기만 할 뿐! 거기에 '나'는 없다. 이것이 고통의 소멸이다.

그렇다면 육근의 무더기마저 소멸되면 무엇이 남을까?

본마음 참 나가 있을 뿐이다.

본마음 참 나는 어떤 걸까? 어떻게 생겼을까?

본마음 참 나는 신(神)이다. 인간이다. 개다. 고양이다. 너다. 나다.

현대는 의미와 재미의 시대이다. 아무리 의미 있는 것도 재미가 없으면 외면당한다. 또 재미만 있고 의미가 없으면 공허하다. 참선은 의미가 있다. 카툰은 재미가 있다. 그래서 참선과 카툰이 만난 것이다.

일찍이 명상카툰은 존재했다. 하지만 참선카툰은 드물다. 참선은 보다 궁극적이기 때문이다. 몸과 마음을 관찰하는 것이 명상이라 한다면, 그 관찰자를 관찰하는 것이 참선이다.

모든 사물을 정신과 물질의 두 가지로만 나누어 관찰하는 서구식 사고로는 참선을 이해하기 쉽지 않다. 플라톤의 고양이는 천국에 원본이 있다. 현실의 고양이는 사본에 불과하다. 하지만 참선의 고양이는 바로 지금 여기에 있다. 항상 귀중한 원본이다.

고양이를 살려낼 것인가, 죽일 것인가? 그대에게 달려 있다.

을미년 새봄 목멱산 염화실에서

월호 화남

수행하는 고양이 '냥'은 2014년 붓다아트페스티벌 기획전시를 하면서 새로운 캐릭터와 카툰, 전시를 기획하면서 시작되었습니다. '개에게도 불성(佛性)이 있다'는 화두에서 시작한 이 작품은 세상의 모든 것에 불성이 깃들어 있고, 자신이 이미 부처임을 아는 것, 스스로 귀한 존재임을 깨닫고 부처의 생각과 행동으로 살아가길 바라는 마음이 담겨 있습니다. 이것은 불교와 수행을 종교를 넘어 생활 속의 이야기로 전하고 싶은 제 작은 원(願)이면서, 제가 살고자 하는 목표이고 실천이기도 합니다.

왜 그러면 개가 아니라 고양이일까요? 그것은 고양이가 지닌 특성이 더 수행자의 모습과 닮아 있다고 생각했기 때문입니다. 스스로 자신을 정갈하게 하는 습성, 고고한 자태와 순간 먼 곳을 응시하는 모습은 축생을 넘어 그 이전의 삶을 떠올리는 찰나를 보여줍니다. 이러한 모습에 만화적 상상을 보태 육식을 멈추고 물고기와 공생하며 바른 삶을 추구하려는 '냥'이 탄생하게 되었습니다.

그리고 '냥'은 고양이를 넘어 바로 우리 자신의 모습입니다. 욕심과 욕망을 멈추고 자신의 존재를 알아가려는 마음과 그 수행의 과정에서도 늘 욕심과 욕망에 붙들리는 것이 그렇습니다. 현재를 살아가는 생명으로 늘 그 경계에서 갈등해야 하는 모습이 고양이 '냥'에게 들어 있습니다. 냥의 모습에서 자신을 발견하고, 웃고, 부끄러워하고, 다시 생각할 수 있길 바라는 마음으로 그렸습니다.

내가 이미 부처의 근본을 지니고 있음을 알아차리고 부처의 눈으로 보고 부처의 마음으로 말하고 행동한다면 냥이도 우리도 나름의 부처일 것입니다. 냥의 수행일기는 결국 제 자신의 일기장이며 여러분의 일기장일 것입니다. 자신의 모습일지 모를 냥의 일기를 읽으며 자신을 발견하고 부처가 되는 길로 걸음을 바꾸시길 바랍니다.

좋은 작업을 함께 할 수 있도록 해 주신 월호 스님과 민족사 윤재승 대표님, 사기순 주간님과 출판사 모든 분들께 다시 한 번 감사드립니다.

2015년 2월, 배종훈

대도를 통달함이여, 한량을 초월하고

부처의 마음을 통달함이여, 한도를 넘어서네.

범부에도 성인에도 똑같이 얽매이지 않고

초연한 것을 이름하여 조사라고 하네.

-《전등록》

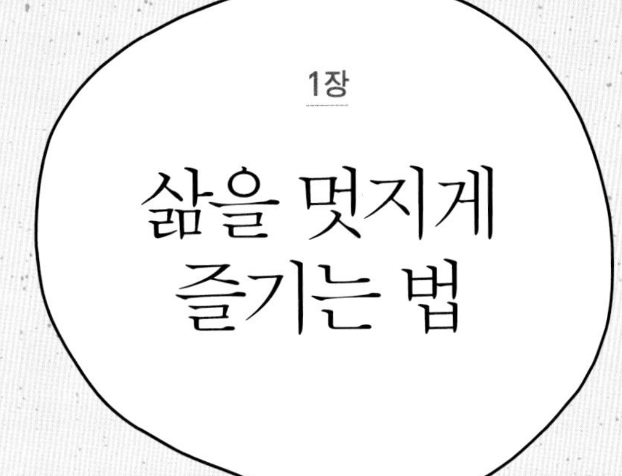

1장

# 삶을 멋지게 즐기는 법

## 선지식을 가까이해서 닮는 연습을 하라

인생은 한바탕 연극 무대와 같습니다. 인생이 연극 무대라는 것을 알면 정말 멋지게 살 수 있지요. 연극을 보면서 애착하고 안달복달하는 사람은 없습니다. 애착이 줄어들어야 관조할 수 있는 여유가 생깁니다. 자기 삶을 객관적으로 바라볼 줄 알아야 삶을 즐기며 멋지게 살아갈 수 있습니다.

예를 들어, 물에 빠졌을 때를 생각해 보십시오. 물에 빠진 사람들의 행동을 살펴보시면 잘 알 수 있습니다. 수영을 잘하는 사람은 여유 있게 물에서 노닙니다. 그런데 수영을 하지 못하는 사람의 경우엔 대부분 허우적대고 발버둥을 칩니다. 몸에 힘을 빼야 물 위로 떠오르는데 목숨에 애착해서 살겠다고 발버둥을 치다 보니 오히려 가라앉는 것입니다. 살고자 하는 집착이 오히려 죽음을 앞당기는 것이지요.

우리의 모든 욕망이 다 그런 속성을 갖고 있습니다. 사람들은 5욕락(慾樂: 財·色·食·名·睡:재물욕·성욕·식욕·명예욕·수면욕)에 집착합니다. 5욕락을 놓으면 멋지게 살 수 있는데, 놓지 못해서 괴롭게 사는 것입니다. 언제 어느 때든 애착이 있으면 쿨~~하게 대할 수 없고, 삶을 멋지게 즐길 수 없습니다. 그와 반대로 애착을 놓으면 어떻게 될지 굳이 설명하지 않아도 잘 아시겠지요.

어떻게 해야 인생을 한바탕 연극처럼 바라볼 수 있는가?

애착을 줄여서 멋지게 살아갈 수 있는가?

먼저 선지식을 친근히 하십시오. 우리는 가까운 사람과 영향을 주고받으며 살아갑니다. 가까이 자주 보아야 닮아갑니다. 삶에 대해 최소한 사성제(四聖諦:苦集滅道)와 팔정도(八正道:正見, 正語, 正思惟, 正業, 正命, 正精進, 正念, 正定)를 아는 사람을 가까이 해야 합니다. 선지식을 가까이 모시고 살면서 선지식을 닮는 연습을 하면 애착을 줄이고 멋지게 살아가는 법을 체득할 수 있습니다.

'선지식'이라 하면 조사스님들이 떠오릅니다. 초조 달마, 2조 혜가, 3조 승찬, 4조 도신, 5조 홍인, 6조 혜능 스님… 이분들이 대표적인 조사스님들입니다. 조사스님의 정의에 대해 달마 대사가 아주 명쾌하게 게송으로 표현해 놓은 것이 있습니다.

악을 보고도 싫다는 생각을 하지 않고
선을 보고도 부지런하려고 하지 않으며
지혜를 버리고서 어리석음에 다가가지도 않고
미혹을 버리고 깨달음에 나아가지도 않네.

대도를 통달함이여, 한량을 초월하고
부처의 마음을 통달함이여, 한도를 넘어서네.
범부에도, 성인에도 똑같이 얽매이지 않고
초연한 것을 이름하여 조사라고 하네.

위 게송은 달마 대사가 그 당시 태수 양현지에게 읊어준 내용인데, 당시의 정황이 그려집니다. 선법(禪法)이 중국에 전해지기 전에는 선과 악, 지혜와 어리석음, 미혹과 깨달음, 범부와 성인 등을 상정해 놓고 분별하고 집착했습니다. 그런데 그 모든 것에 얽매이지 않고 초연한 분을 조사라고 한다는 것입니다. 바로 이러한 마음가짐, 이러한 경지가 참선의 목표라고 할 수 있습니다.

냥의 수행일기

01

# 롤모델을 닮아가는 것

요즘 난 선사들의 삶을 따르고 있어.
달마선사의 뜻을 이젠 알 것 같아. 하하.

그래? 수염은 똑같아 보이네.

## 성품을 보려면 시비 분별심을 쉬어야 한다

악을 보고도 싫다는 생각을 하지 않고
선을 보고도 부지런하려고 하지 않으며
지혜를 버리고서 어리석음에 다가가지도 않고
미혹을 버리고 깨달음에 나아가지도 않네.

이것은 상대적인 분별심을 초월한 경지입니다. "자성이 분별하면 생사에 떨어진다"고 했습니다. 본래 우리의 자성은 평상심! 우리는 불성(佛性) 존재, 본마음 참나가 우리의 본래 면목이요, 우리 사는 세상은 맑고 텅 빈 깨끗한 세계입니다.

그런데 생사 시비 분별로 한 생각이 일어나고, 거기에서 은혜로운 이와 원수가 생겨나서 윤회가 생기는 것입니다. 윤회의 뿌리를 캐려면 은원(恩怨)도 잊고 선악(善惡)도 놓아버려야 합니다. 참선하는 이의 마음가짐은 반드시 이와 같아야 합니다.

'불사선 불사악(不思善 不思惡) 그럴 때 그대의 본래면목은 무엇인가?'

선악, 지혜와 어리석음, 미혹과 깨달음 등등이 완전히 필요 없다는 것이 아닙니다. 당연히 분별의 세계에서는 분별을 하면서서 살아야 합니다. 그러나 그 자체가 궁극적인 것은 아니라는 말입니다.

선과 악도 자신의 입장에 따라 달라지는 것이지 절대적인 것은 아닙니다. 어떤 상황에서 그런 일에 처해졌는지에 따라 달라진다는 것만 알아도 세상살이가 편안해 집니다.

선악, 지혜와 어리석음, 미혹과 깨달음에 대해 분별하고 집착해서는 진리의 세계에 다가서기 힘듭니다. 본마음 참나, 성품을 제대로 보려면 시비 분별심을 쉬어야 한다는 말입니다.

냥의 수행일기

02

## 개념적 사고

잠시만 마음을 놓으면

원점으로 돌아가는 것이 수행입니다.

팽팽히 잡아 당겨 둔 고무줄을 생각해 보세요.

조금만 다른 생각을 하고 힘을 빼거나 손을 놓으면

다시 처음 상태입니다.

늘 자신을 깨워야 해요.

앗! 또 사로 잡혔네.

## 순간순간 깨어 있는 삶을 살라

대도를 통달함이여, 한량을 초월하고
부처의 마음을 통달함이여, 한도를 넘어서네.
범부에도 성인에도 똑같이 얽매이지 않고
초연한 것을 이름하여 조사라고 하네.
-《전등록》

평상시 주위에서 어떤 이에 대해 왈가왈부 여론이 분분할 때, "내 버려 둬. 다 자기 깜냥대로 살게"라고들 합니다. 자기 스스로 한도를 가지고 있는 것이 깜냥이라 할 수 있습니다. 누구나 다 제 나름대로 능력대로 마음그릇대로 살아가기 마련입니다. 사람은 누구나 자기만의 마음그릇을 가지고 있고 딱 그 그릇만큼 산다고 할 수 있습니다. 그런데 대도를 통달하면 '한량을 초월하고, 한도를 넘어선

다'고 했습니다. 그 말은 마음그릇을 한량없이, 한도를 알 수 없을 정도로 크게 만들어서 쓴다는 것입니다. 한도를 초월해야 큰 인물이 될 수 있습니다. 마음그릇을 키워서 궁극적으로는 본래 자기 자신이 부처님 · 조사님 · 보살님이라는 것을 알아야 합니다. 물론 아는 데 그쳐서는 안 되고, 실천에 옮겨서 부처행 · 보살행을 해야 완성되는 것입니다.

불법(佛法)에 따르면, 우리는 신의 종이 될 수도 있고 신의 스승이 될 수도 있습니다. 불법은 사람의 역량을 무한대로 확장시켜 줍니다. 특히 참선은 무한한 가능성에 초점을 두고 있으며 절대긍정의 세계로 사람을 이끌어 줍니다. 성품은 한도를 초월하기 때문입니다.

누구나 가지고 있는 성품을 어떻게 쓸 것인지는 자기 자신에게 달려 있습니다. 내가 부처가 되고자 하는 마음을 일으킨 것은 이미 한 생각 분별심을 일으킨 것입니다. 달리 말해서 내가 지금 부처가 아니라는 말입니다.

그러니까 '이 다음에 언젠가는 부처가 되어서 깨달음을 얻으리라' 하기보다는 바로 지금 여기에서 깨어 있으려고 노력하는 것이 참다운 삶입니다. 그렇듯 순간순간 깨어 있는 삶을 사는 분들이 바로 조사스님들입니다.

냥의 수행일기

03

# 앉아만 있으면 뭐가 되나?

어떤 목표에 이르는 길은 참 많아요.

수천, 수만 가지가 되겠죠.

그러나 어느 순간에 자신을 보면

방법에만 몰두하고 앞으로 나아가지 않는 경우가

자주 있어요.

집에 가려고 버스를 타는 것이지

버스가 있으니 그냥 타는 것은 아니잖아요.

너도 가만히 호흡을 가다듬고 자신을 살펴봐. 나처럼 말야.
응?
난 이대로가 좋아. 앉아만 있으면 뭐해.

## 달마 대사의 신발 한 짝

앞의 게송은《전등록》*에 나오는 구절인데, 달마 대사가 태수 양현지에게 말한 내용입니다.

양현지가 달마 대사에게 물었습니다.

"서역 인도에서는 스승의 법을 전해 받고 조사(祖師)라 한다는데, 그 도(道)가 어떤 것입니까?"

달마 대사가 답하였습니다.

"부처님의 마음자리를 밝혀서 실천〔行〕과 지혜가 서로 응하는 것을 조사라 하오."

양현지가 다시 물으니, 앞의 게송에 대해 자세히 설명해 주고 나서 달마 대사는 중국을 떠나 다시 인도로 가셨습니다. 왜냐하면 당

* 전등록(傳燈錄) : 중국 송대 사문 도원(道原)이 지은 역대 조사의 선종 계보와 어록을 밝힌 책 전등록은 조사스님들의 깨달음의 일화를 전해 놓은 기록이다.

시 중국의 율사 등이 달마 대사를 시기 질투했기 때문입니다.

본래 불교의 가르침은 칠불통계게(七佛通戒偈)라 하여 과거 일곱 부처님이 공통적으로 강조한 게문으로 대변되기도 합니다.

제악막작(諸惡莫作) 모든 악은 짓지 말고
중선봉행(衆善奉行) 모든 선을 받들어 행하며
자정기의(自淨其意) 스스로 그 뜻을 청정하게 하라.
시제불교(是諸佛敎) 이것이 모든 부처님의 가르침이다.

'불교란 무엇인가?'에 대해 질문하는 사람들에게 과거 일곱 부처님의 공통 법문인 칠불통계게로 답하는 경우가 많습니다. 그래서 대부분 선은 부지런히 닦고 악은 짓지 말라는 것이 불교라고 알고 있습니다. 그런데, 달마 대사가 "악을 보고도 싫다는 생각을 하지 않고, 선을 보고도 부지런하려고 하지 않으며"라고 하니, "아니다, 말도 안 된다, 웬 뜬금없는 소리냐, 불교가 아니다"라고 반박하는 것도 충분히 이해가 갑니다. 그래서 달마 대사를 시기 질투하고 심지어는 음식에 독을 넣어 죽이려고 하는 경우도 있었답니다.

그런데 그런 일이 되풀이되어 중국의 율사들이 계속 업을 짓게 되니, 보리달마 대사가 2조 혜가에게 법을 전해 주고, 독이 들어 있는 줄 알면서도 그 독이 든 음식을 먹습니다. 그러고서 웅이산(熊耳山: 해발 912m)이라는 곳에서 달마 대사의 장사를 지냈습니다(양나라 대통 2년 528년). 그런데 그로부터 얼마 뒤 이웃나라에 사신으로 갔던 송운이 파미르 고원에서 짚신 한 짝을 메고 가는 달마 대사를 만난 것입니다. 달마 대사는 서쪽인 인도 쪽으로 가고, 송운은 동쪽인 중국 쪽으로 돌아오는 길이었지요. 서로 오며가며, 만나서는 인사를 나눈 겁니다.

송운이 "대사님, 어쩐 일이십니까?" 하니, 달마 대사는 "중국에서 볼일 다 마치고 우리나라로 돌아가는 길이네"라고 대답했겠지요. 그렇게 이런저런 얘기를 나누다가 달마 대사가 송운에게 "그대 황제는 이미 돌아가셨네" 하고 가르쳐 줍니다. 그렇게 인사를 나누면서 송운은 달마 대사가 신발 한 짝을 메고 인도로 가는 모습을 분명히 본 것입니다.

송운이 자기 나라에 와보니 정말 황제가 돌아가시고 그다음 황제가 즉위한 상황이었습니다. 그런데 달마 대사는 벌써 오래 전에 죽어서 장사를 지냈다고 하는 겁니다. 송운이 헛것을 보았을 수도 있겠지요. 하지만 혼자 본 것이 아니라 송운과 함께 이웃나라에 갔다 온 사신들 일행이 모두 다 같이 달마 대사를 보고 함께 대화를 나누었던 것입니다. 아무리 생각해도 이상한 겁니다. 분명히 살아 있는 사람을 봤는데, 죽었다고 하니….

그래서 달마 대사를 장사 지낸 웅이산에 가서 무덤을 파보았습니다. 관을 열어보니 시체는 없고 신발 한 짝만 남아 있는 겁니다. 원래 신발은 두 짝이잖아요. 한 짝만 남은 신발을 보고 송운이 얼마나 놀랐겠습니까? 신발 한 짝을 메고 인도로 향하던 달마 대사의 모습이 환히 그려졌겠지요.

그렇듯 신묘한 일을 겪으면 공부가 크게 될 겁니다. 달마 대사 같은 분은 범속(凡俗)을 초월하고 신통(神通)이 자재한 분입니다. 그렇기 때문에 얼마든지 가능한 일입니다. 달마 대사는 몸과 마음을 초월한 분이어서 신발 한 짝만 남겨두고 홀연히 사라져버린 것입니다. 그 일이 있고나서 '우리가 참다운 고승을 몰라보고 이렇게 박해를 했구나' 하고 남겨 주신 신발 한 짝을 모시고 제사를 지내 달마 대사에게 참회했다고 합니다.

냥의 수행일기

04

# 완벽한 지행일치

이리 온~
역시 완벽한 지행일치를 실천하는 삶을 사는구만.

## 차원에 따라 선악의 구분법도 달라진다

'선과 악을 구분하는 것이 맞는가', '선과 악을 구분하지 않는 것이 맞는가?' 한번 생각해 보십시오. 중생의 차원에서는 선과 악을 구분하는 것이 맞고, 조사(祖師)의 차원에서는 선과 악을 구분하지 않는 게 맞습니다. 그다음에 다시 보살의 차원으로 올라가면 또 선과 악을 구분하는 게 맞아요. 그렇듯 차원에 따라 다른 겁니다.

중생들의 삶에서는 선과 악을 구분하지 않을 수가 없어요. 만일 우리나라가 적국과 전쟁을 하고 있는 상황이라면 적국과 우리나라를 도와주는 나라를 구분해야 합니다. 우리나라를 도와주는 나라는 좋은 나라이고 싸움을 일으킨 나라는 나쁜 나라라고 할 수밖에 없습니다. 그러나 차원이 올라가면 달라집니다.

다시 말해서 조사의 차원, 아라한의 차원에 올라가면 선이니 악이니 하는 것이 다 부질없는 것입니다. 왜냐하면 완전히 다 쉰 자리이기 때문입니다. 모든 분별심이 완전히 쉰 자리이므로 불생의 경지요, 무학의 경지입니다. 모든 분별심이 끊어진 자리에서는 선이니 악이니 하는 것이 다 부질없는 일인 것입니다. 그러나 중생들을 제도하기 위해서 이 세상에 나툰 보살의 차원에서는 다시 선도 있고 악도 있습니다.

그 유명한 '산은 산이요, 물은 물이다'라는 게송도 마찬가지 이치를 설하고 있습니다. 처음에 수행을 시작할 때는 산은 산이요, 물은 물이었습니다. 선은 선이요, 악은 악이라는 말입니다. 그러나 수행을 하면 산이 물이고 물이 산이요, 선이 악이고 악이 선인 경지에 이를 수 있습니다. 영원한 선인도 없고 영원한 악인도 없습니다. 지금 나에게 해코지를 하는 사람이 과거생에 나의 은인이고 지금 나의 은인이 과거생엔 나의 원수였는지도 알 수 없는 겁니다.

지금 세계의 정치적 관계도 그렇잖아요. 원수처럼 지내다가도 어느 때는 또 형제처럼 잘 지내기도 하고, 또 수틀리면 원수처럼 지내는 등 엎치락뒤치락하는 것이지, 결정되어 있는 게 아닙니다. 그런 식으로 '산은 산이요, 물은 물이다'라 했다가, 경지에 오르면 '산은 물이요, 물은 산이다'라 했다가, 또 한 차원 올라가면 '산은 산이요, 물은 물이다'라는 경지가 펼쳐지는 겁니다. 이 모든 것이 차원에 따라 다 맞는 겁니다. 그러한 이치를 잘 이해해야 헷갈리지 않습니다.

냥의 수행일기

05

# 나는 안에 있을까, 밖에 있을까?

조금 벗어나 넓게 보면 우리는 같은 공간에 있습니다.

## 본래 죄인인가? 본래 붓다인가?

달마(達磨:?~528) 대사가 인도로 돌아가신 뒤, 달마 대사의 법을 이어받은 2조 혜가 대사가 스승인 달마 대사의 선법(禪法)을 중국에 전했습니다. 그리고 2조 혜가(慧可:487~593) 대사는 3조 승찬(僧璨:?~606) 대사에게 법을 전해 주는데 그 당시의 정황은 이렇습니다.

3조 승찬 대사가 2조 혜가 대사에게 여쭈었습니다.
"제가 풍병에 걸렸습니다. 죄를 참회하게 해 주십시오."
혜가 대사가 대답합니다.
"죄를 가져오너라. 그 죄를 참회하게 해 주리라."

예전에 달마 대사께서 '마음이 불안하다'는 혜가 대사의 질문에 대해 '불안한 마음을 내놓아봐라'라고 한 것과 상황이 아주 비슷하지요.

승찬 대사가 말했습니다.

“아무리 죄를 찾아보아도 찾을 수 없습니다.”

혜가 대사가 대답했습니다.

“내가 죄를 참회해 주었노라. 그대의 죄는 참회되었으니 앞으로 불법승(佛法僧) 삼보(三寶)에 의지해서 살라.”

이에 승찬 대사가 다시 여쭈었습니다.

“지금 스님을 뵈오니 승보는 알겠습니다. 그런데 불보와 법보는 무엇입니까?”

혜가 대사가 대답했습니다.

“마음이 부처요, 마음이 법이다. 멀리서 찾지 말라. 내 마음이 불보·법보·승보이다.”

이 말씀을 듣고 승찬 대사는 마음이 환히 열려 혜가 대사에게 말씀드립니다.

“제자가 오늘에 이르러서야 죄의 성품이 안팎이나 중간에 있지 않다는 것을, 마음이 그렇듯이 부처와 법도 둘이 아님을 알게 되었습니다. 덕분에 죄의식에서 벗어날 수 있게 되었습니다.”

승찬 대사는 풍병에 걸렸을 때 자신이 죄인이라고 생각했는데, 죄 없음을 통달해서 죄의식에서 벗어나게 된 것입니다. 성품은 원래 공하다는 것을 깨달은 것이지요.

불교의 참회는 타종교의 회개와 다릅니다. 타종교에서는 "제가 죄인입니다. 저의 죄를 용서해 주십시오"라고 합니다. 하지만, 불교에서는 '죄무자성종심기(罪無自性從心起)'라 하여 죄는 자성이 없어 마음 따라 일어날 뿐이라고 합니다. 마음이 본마음자리로 돌아가면 그 자리는 선이니 악이니 분별이 끊어진 자리인 것입니다. 본성자리는 절대긍정의 자리입니다.

우리 성품 자리는 본래 청정무구하다는 것을 알아야 합니다. 이 몸을 가지고 죄업을 저질렀을지 몰라도 사실 이 몸과 마음은 일시적인 것입니다. 잠시 빌린 것일 뿐 본마음이 아닙니다. 본래 죄인이라는 입장에서 회개하는 것과 우리는 본래 불성 존재이지만 잠깐의 실수로 죄를 저질렀고, 참회하고 마음을 고쳐먹으면 본래자리로 돌아간다는 것과는 참으로 큰 차이가 있습니다.

약인욕료지(若人慾了知)

삼세일체불(三世一切佛)

응관법계성(應觀法界性)

일체유심조(一切唯心造)

만약 사람들이
과거 · 현재 · 미래의 모든 부처(진리)를 알고자 하면
마땅히 법계의 성품을 비추어 관하라.
일체 모든 것이 마음으로 이루어진 것이다

위의 화엄경 사구게 에서도 알 수 있듯 하늘 위 저 머나먼 어느 곳에 조물주가 있는 것이 아니라 바로 내 마음이 조물주입니다.

냥의 수행일기

06

# 눈 뜬 장님

에고, 내가 나임을 모르는군.
눈 뜬 장님이야.

## 누가 그대를 묶었는가?

3조 승찬 대사에서 4조 도신(道信:581~651) 대사로 이어집니다.

도신 대사가 말했습니다.

"제게 해탈법문을 알려 주십시오."

승찬 대사가 말합니다.

"누가 그대를 묶었는가?"

도신 대사가 대답합니다.

"아무도 속박한 이가 없습니다."

승찬 대사가 말합니다.

"그런데 왜 해탈을 구하느냐?"

자승자박(自繩自縛)인 것입니다. 제 줄로 제 몸을 옭아매는 자승자

박은 아무도 풀어 줄 수 없습니다. 본인 스스로 풀어야 합니다. 우리는 본래 자유인이었고 해탈인이었습니다. 모두가 본마음 성품자리에서 출발한 것입니다. 그런데 스스로 자신을 묶어버리고 구속받는 것입니다. 해탈 자유인으로서의 편안함이 진정한 안심입니다. 이렇듯 마음의 한계를 어떻게 깨느냐에 따라 깜냥이 달라집니다. 참선의 본래 묘미는 즉석복권, 바로 지금 이 순간의 깨달음입니다.

이런 대화가 있습니다.

"6.25 사변으로 전쟁이 나서 괴롭습니다"라는 제자의 말에 스승이 "전쟁이 난 것과 네 마음이 괴로운 것과는 무슨 상관이냐"라고 했다는 말을 들었습니다. 바로 전쟁은 연(緣)일 뿐이지 인(因)은 아니라는 것입니다.

아무튼 실생활에서 성품을 보려면, 선지식을 가까이 모시면서 잘 들어야 합니다. 조사들의 한 말씀 한 말씀을 듣고 대화를 나누면서 가르침을 자꾸 접해야 합니다. 물론 많이 듣는 것이 목적이 되어서는 안 되겠지요. 참으로 중요한 것은 진실한 마음가짐입니다. 선지식의 말씀을 어떤 마음가짐으로 듣느냐, 대하느냐가 관건입니다.

풍선에 바람이 꽉 차 있으면 아주 살짝 찔러도 펑 터집니다. 하지만 바람이 들어 있지 않으면 아무리 찔러도 터지지 않지요. 그렇듯 스승의 말을 딱 받아들일 마음가짐이 되어 있어야 스승의 말 한마디를 듣고 탁 터지는 것입니다.

줄탁동시(啐啄同時)라는 말로 설명할 수도 있습니다. 병아리가 안에서 쪼는 것을 '줄'이라 하고, 밖에서 어미닭이 알을 품고 쪼는 것을 탁이라고 합니다. 안의 병아리와 밖의 어미닭이 동시에 딱 들어맞았을 때 비로소 병아리가 태어나듯 스승과 제자의 뜻이 하나가 되었을 때 깨닫게 되는 것입니다.

냥의 수행일기

07

# 무아지경의 경지

## 물같이 바람같이 살다가 가라 하네

청산은 나를 보고 말없이 살라 하고
창공은 나를 보고 티없이 살라 하네.
탐욕도 벗어놓고 성냄도 벗어놓고
물같이 바람같이 살다가 가라 하네.

위와 같이 나옹혜근 선사의 게송을 노래로 만들어서 여러 사람이 부르고 있습니다. 이 노래를 듣고 부르는 것만으로도 마음이 환해집니다. 가슴이 탁 트이는 것 같습니다. 이심전심으로 대자유인의 경지가 느껴지지 않습니까? 그렇게 느끼는 것, 그 또한 절대 평등한 우리 본래 성품을 알려 주는 것이라 해도 과언이 아닙니다.

어떻게 하면 이렇듯 물같이 바람같이 대자유인으로 살아갈 수 있을까요?

원효 대사와 더불어 당대 큰 스승으로 손꼽히는 의상 조사께서 불법(佛法)을 게송으로 축약해 놓은 법성게(法性偈)에 '불수자성수연성(不守自性隨緣性)'이라는 구절이 있습니다. 자기 성품을 고집하지 않고 인연(因緣)에 따라 만들어 간다는 것, 이 한마디로 인생을 정말 절묘하게 표현해 놓았습니다.

물같이 바람같이 산다는 것, 대자유인의 삶은 불수자성수연성 한마디에 그 답이 나와 있습니다. 물에 모양이 있습니까? 물은 모양이 없습니다. 물이 그릇에 따라 형태가 바뀌어 담기듯이 무엇이든 인연에 따라 만들어가는 것입니다.

그런데 우리는 어떻습니까? 자기 자신은 물론이고 다른 사람을 대할 때도 둥근 사람, 네모난 사람, 세모난 사람으로 규정짓고 있지 않습니까? 그렇게 규정지은 자기의 잣대로 다른 사람을 바라보기 때문에 다른 사람을 이해하지 못하고, 불협화음이 생기고, 물처럼 바람처럼 살지 못하는 것입니다.

불수자성수연성, 이 구절을 염불처럼 외워 체득하신다면 대자유를 누릴 수 있을 것입니다.

# 불성을 보는 방법

우리의 눈에 보이지 않거나 느껴지지 않는 것이
세상에 얼마나 많이 존재하는지 알고 있으면서도
보이지 않고 들리지 않는다는 이유로 존재를 잊고 있지요.
사유의 순간에만 인식하지 말고 늘 받아들이세요.
전철을 타고 있다면 부처가 바로 자신이고
곁에도 있고 앞에도 서 있지요.

모든 것에 불성이
있다는데 무슨 말인지
모르겠어.
여기 풍선을 봐.
공기는 보이지 않지만 이렇게
모양을 갖추면 존재를 알 수
있지. 불성도 그런거야.

이 몸이 물거품처럼 허무하고

이 마음이 아지랑이처럼 실체 없음을 깨닫는다면

그는 능히 욕망의 꽃을 꺾으리니

죽음의 왕도 그를 보지 못하리라.

-《법구경》

2장

# 문 안의 수행 문 밖의 수행

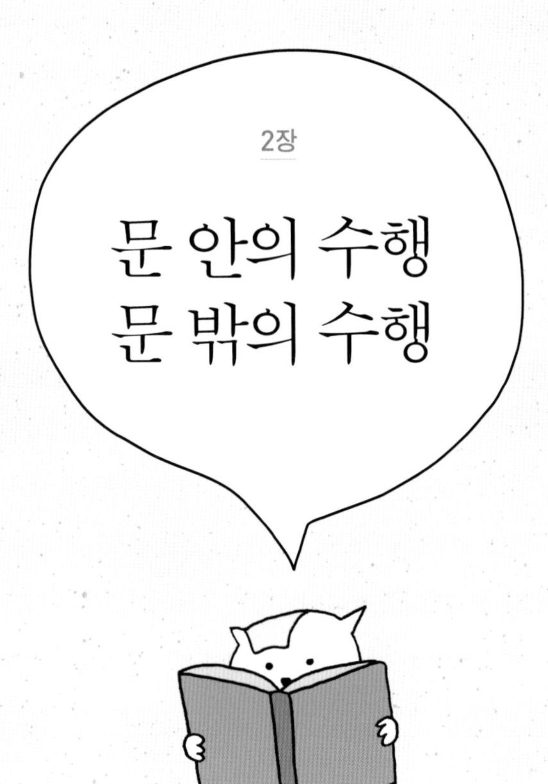

## 어찌 불성(佛性)에 남북이 있겠는가?

달마 대사가 인도의 선법을 중국에 전해 준 중국 선종의 초조(初祖)라면 중국 선종(禪宗)의 제6조인 혜능(慧能:638~713) 대사는 참선을 중국 땅에 꽃피우고 대중화시킨 주역입니다. 혜능 대사는 신수(神秀) 대사와 더불어 5조 홍인 대사 문하의 2대 선사이며, 법어록인《육조단경(六祖壇經)》이 전해 내려오고 있습니다. 혜능 대사의 드라마틱한 생애 자체가 큰 교훈을 줍니다.

혜능 대사는 출가하기 전에 땔감을 해다 팔아서 연명하는 나무꾼이었습니다. 어느 날 땔감을 팔고 집으로 돌아오는 길에 관숙사(오늘날 영빈관) 옆을 지나다가, '금강경' 읽는 소리를 듣게 됩니다. 그런데 그 소리를 듣자마자 마음이 환히 밝아졌다고 합니다.

어떤 책이 마음을 밝게 하는지 궁금했던 혜능 대사는 가던 길을 멈추고 관숙사 안으로 들어가서 책을 읽던 분에게 "지금 읽으신 책 제목이 무엇입니까?"라고 물었습니다. "금강경(Diamond Sutra)입니다"라는 답을 듣고는 또 "어디서 배우셨습니까?"라고 다시 물으니, 황매현에 있는 5조 홍인 선사의 회상에서 배웠다는 것입니다. 역대 조사스님은 초조 달마로부터 2조 혜가, 3조 승찬, 4조 도신, 5조 홍인 그리고 6조 혜능에 이르게 되는데, 5조 홍인 선사는 오직 금강경 하나만 잘 지니고 독송하면서 이해하고 실천하면 누구나 다 견성할 수 있다고 가르쳤습니다.

그래서 혜능도 홍인 선사의 지도를 받겠다고 마음먹고 길을 떠납니다. 30여 일이나 걸려 마침내 황매현의 빙무산에 있는 홍인 선사를 찾아뵙고 인사를 했습니다.

홍인 선사가 혜능에게 묻기를, "너는 어느 지역 사람인데 이 깊은 산속까지 와서 내게 인사하느냐? 나에게서 무엇을 구하느냐?"라고 합니다. 말하자면 '어디서 왔느냐?' '무엇 때문에 왔느냐?'고 물은 것이지요. 혜능이 답하기를, "저는 영남 사람으로 신주의 백성입니다. 지금 이렇게 큰스님을 찾아뵙고 인사드리는 것은 오직 부처되는 법을 구하고자 함입니다" 하고 대답했습니다.

이에 홍인 선사가 말씀하시길, "영남은 오랑캐 땅인데, 어떻게 영남의 오랑캐가 부처가 될 수 있단 말인가?"라고 했습니다. 당시는 중화사상이 뿌리를 내리고 있어서 중국의 중앙을 제외한 동서남북은 다 오랑캐 땅이라고 했습니다. 예를 들어 중국의 역사책인《위지》〈동이전〉에 보면, 우리나라를 동쪽 오랑캐라는 뜻을 담아 동이족이라고 표현하면서 동이족은 백의민족이고 가무를 즐긴다는 표현이 나오는 것처럼 중국의 영남은 남쪽지방이니 오랑캐 땅이라고 한 것입니다.

이에 혜능이 답하기를, "인유불성(人有佛性)이나 불성무남북(佛性無南北), 사람에게는 남북이 있고 오랑캐의 몸은 스님과 같지 않사오나 어찌 불성에 남북이 있겠습니까?"라고 한 것입니다.

혜능이 "일체중생 개유불성(一切衆生 皆有佛性), 모든 존재가 다 부처의 성품이 있다"는 것, 불성에는 남북이 없다는 것을 확실하게 말하는 것을 듣고 홍인 선사가 깜짝 놀랐습니다. 바로 그 순간 혜능대사의 그릇을 인정한 것입니다. 그때 혜능은 비록 출가 전이었지만, 이미 금강경 읽는 소리를 듣고 마음이 열렸기 때문에, 다시 말해 어느 정도 근본 성품을 보았기에 이렇듯 당당하게 대답할 수 있었던 것입니다.

불성무남북 불성무남녀(佛性無南北 佛性無男女)
불성무노소 불성무승속(佛性無老少 佛性無僧俗)

홍인 선사는 일자무식의 나무꾼 출신이지만 마음이 열린 혜능의 대답을 듣고 기특해서 더 얘기하고 싶었지만, 주변에 사람들이 있으므로 "방앗간에 가서 방아나 찧거라"라고 한 것입니다. 그 절에는 1,000명 이상의 수행자들이 살았기 때문에 절 안에 방앗간이 있었습니다.

혜능은 곧바로 행자 생활을 시작한 것입니다. 성이 노씨(광동성 소주 사람)라서 노행자라 불렸습니다. 노행자는 방앗간에서 방아를 찧으면서 행자의 소임을 다하고 있었습니다.

행자가 해야 하는 수많은 일들 가운데 방아를 찧게 한 데서 홍인 스님의 뜻을 유추할 수도 있습니다. 알곡을 얻기 위해서는 방아를 찧어 껍질을 까야 합니다. 본래 불성이 있지만 껍질에 가려 있으니 무명 번뇌의 껍질을 깨라는 과제를 준 것일 수도 있습니다.

냥의 수행일기

09

# 개로 태어났어야 하나 봐

핑계를 만들지 마세요.

마음이 약해지면 내가 아닌 밖에서 이유를 찾게 되고,

그러면 그럴수록

스스로를 더욱 작고 약하게 만들게 되죠.

개에게도 佛性이 있다.
아니, 이럴수가!
개로 태어났어야 하는거야?
꼬리나 흔들고 밥만 많이 먹는
녀석은 무슨 복을 타고
난거냐고!
털썩!

## 본래 한물건도 없거늘 어찌 먼지를 털 필요가 있으랴

혜능 대사의 유명한 게송이 나오게 된 배경이 있습니다. 그 배경을 살피면 대략 다음과 같습니다.

어느 날 홍인 선사가 "생사가 가장 큰일인데(生死事大) 너희들은 종일토록 복(福)만 구할 줄 알았지 도(道)를 구할 줄 모르는구나. 복밭은 그대들을 생사윤회에서 구해줄 수 없다"고 말했습니다.

'도를 닦아야 한다', '도와 복은 다르다'는 말을 많이 들었을 것입니다. 달마 대사와 양무제가 만났을 때, 달마 대사가 '무(無)', 단 한마디로 양무제가 행한 수많은 불사에 대해 공덕이 없다고 말한 것도 마찬가지 이치입니다. 양무제가 수없이 많은 복을 지었지만 그것과 도는 다른 차원입니다.

복의 문은 우리를 선업으로 이끌어 주고, 그래서 좋은 곳으로 태어나게 합니다. 하지만 그것은 시한 즉 유통기간이 있습니다. 즐거움 가득한 높고 좋은 곳에 태어났다가도 유통기간이 다하면 다시 더 낮고 나쁜 곳으로 떨어지는 것입니다. 그래서 복의 문(복을 닦는 문)은 윤회의 문이라고도 합니다. 심지어 참선하는 스님들은 "복(福)은 삼생(三生)의 원수다. 복 지으려고 한 생 까먹고, 복 누리느라고 한 생 까먹고, 복 까먹느라고 한 생 까먹으면서 돌고 돈다"고 말할 정도로 복을 경계했습니다.

홍인 선사는 계속해서 말하기를, "복의 문은 생사의 바다에서 너희를 구제해 줄 수가 없다. 그것은 생사에서 윤회하게 만들어 주는 것이니, 너희는 도를 구해야 한다. 그러니 지금부터 마음공부를 하고 마음공부의 내용을 담은 게송을 지어 내게 가져오라"고 했습니다.

스승이 숙제를 내 주고, 일종의 콘테스트를 연 것입니다. 홍인 대사가 제자들에게 각기 게송을 지어오도록 했는데, 당시 모든 스님들의 교수사가 신수 대사였기에, 스님들이 다들 신수 대사에게 게송 짓기를 미루는 것입니다.

여기에서도 큰 교훈을 얻을 수 있습니다. 스승은 모든 제자에게 숙제를 냈는데, 당시 홍인 대사의 법맥을 잇게 될 분은 신수 대사라고 생각했기 때문에 대부분의 제자들이 미리 포기합니다. 이 대목을 눈여겨보아야 합니다.

각설하고, 혜능 대사의 생애와 법문으로 이루어진 《육조단경》은 선불교의 핵심을 담고 있어 부처님의 친설에만 붙이는 경(經)이라는 이름까지 받았습니다. 북종선을 능가하는 남종선의 경전인 《육조단경》을 편찬할 때 혜능 대사의 제자인 법해 스님은 참으로 고민을 많이 했을 것입니다. 《육조단경》에는 북종선을 대표하는 신수 대사와 남종선을 대표하는 혜능 대사의 차이를 적나라하게 보여주는 내용이 여기저기 등장합니다.

홍인 대사와의 첫 만남에서 불성에는 남북이 없다고 당당하게 얘기한 혜능 대사에게서 우리는 혜능 대사 개인의 천재적인 수행력에 방점을 찍어서는 안 됩니다. '일자무식의 나무꾼도 불성을 깨달았다', '무식한 나무꾼도 깨닫는데 어찌 내가 깨닫지 못하겠는가?' 하는, 모두가 평등하게 지니고 있는 불성에 대해 인식하고 깨달을 수 있다는 희망, 자신감을 찾게 된 데 더 큰 의미가 있는 것입니다.

5조 홍인 대사의 법을 모든 사람들이 후계자로 여겼던, 제경에 통달하고 황제에 견줄 만큼 걸출한 풍모를 갖춘 신수 대사를 제치고 나무꾼이었던 혜능 대사가 이었다는 것 자체가 대단히 혁명적인 일입니다.

신수 대사의 게송과 혜능 대사의 게송은 두 사람의 안목을 드러내 줍니다. 먼저 사람들에게 떠밀려 짓게 된 신수 대사의 게송을 살펴보겠습니다.

신시보리수(身是菩提樹) 몸은 깨달음의 나무와 같고
심여명경대(心如明鏡臺) 마음은 밝은 거울이라
시시근불식(時時勤拂拭) 때때로 부지런히 털고 닦아서
막사유진애(莫使有塵埃) 티끌과 때가 끼지 않도록 하라.
– 신수 대사의 게송

신수 대사의 게송은 글자 그대로 우리 몸뚱이는 깨달음을 이루는 나무와 같고, 우리의 마음은 밝은 거울의 대와 같으므로 때때로 부지런히 닦아서 티끌과 먼지가 끼지 않게 하라는 것입니다. 요즈음에도 몸을 닦고 마음을 닦는다는 말을 하지 않습니까? 그렇게 몸과 마음을 닦으라는 것입니다.

홍인 대사는 이 게송을 보시고 "이 게송을 외우면 삼악도는 면하겠구나" 하시면서 절의 담벼락에 써 놓고 스님들 모두에게 외우도록 시켰습니다. 그래서 스님들이 신수 대사의 게송을 외우고 다닌 것입니다. 그러다 보니 방앗간에서 일하던 혜능도 그 게송의 내용을 듣게 되었습니다.

혜능은 신수 대사의 게송을 듣고 스님들에게 이 게송을 써놓은 담벼락에 가봐도 되는지 허락을 구하고 마침내 그곳을 찾아가 그 게송을 보았습니다. 글씨를 깨우치지 못했던 혜능은 주위 스님들에게 다시 게송을 읽어달라고 청합니다. 혜능은 신수 대사의 게송을 들으면서 '아직 마음의 문이 열리지 않은 문 밖의 게송'이라는 생각이 들었습니다. 혜능은 스스로 게송을 새로 지었는데, 말만 할 줄 알았지 글을 몰랐기 때문에, 글을 잘 아는 스님에게 써 달라고 대필을 부탁했습니다. 그 게송이 바로 아래의 게송입니다.

보리본무수(菩提本無樹) 보리*는 본래 나무가 아니요,
명경역비대(明鏡亦非臺) 명경 또한 대가 아니네.
본래무일물(本來無一物) 본래 한물건도 없거늘
하처야진애(何處惹塵埃) 어찌 먼지를 털 필요가 있으랴.
- 혜능의 게송

저는 6조 혜능 스님을 '열린 참선'의 선구자라고 생각합니다. "참선에 열리고 닫힌 게 어디 있겠느냐, 말도 안 된다"고 할 수도 있겠지만, 실제로 구분할 수 있습니다. '닫힌 참선(홑선)'은 특수한 사람

* 보리는 범어(산스크리트어)의 보디(Bodhi)를 음역한 것으로, 각(覺) 즉 깨달음을 말함.

들이 특수한 시간에 특수한 장소에서 하는 참선, 다시 말해 수행자들이 안거기간에 선방에서만 할 수 있는 참선을 뜻합니다. 이에 비해, 열린 참선은 누구나 언제나 어디서나 할 수 있는 것이지요. 혜능의 게송이 바로 이 열린 참선을 하게 된 결정적 계기가 되었다고 할 수 있습니다.

신수 대사의 게송은 문 밖의 소식이고, 혜능의 게송은 문 안의 소식입니다. 여기서 문은 불성(佛性), 즉 성품의 문을 의미합니다. 5조 홍인 선사는 신수 대사의 게송을 보고 '아직 문에 못 들어왔다'고 생각했습니다. 신수 대사는 게송에서 '몸을 닦고 마음을 부지런히 닦아서 때가 끼지 않도록 하라'고 한 데서 볼 수 있듯이 몸과 마음에 초점을 맞추고 있는 것입니다.

그러나 혜능은 신수 대사가 보리를 몸에 비유하고, 명경대를 마음에 비유한 데 비해 몸뚱이도 본래 있는 게 아니고 마음도 실체가 없다고 했습니다. 몸도 마음도 실체가 없는 것임을 분명히 말한 것입니다. 우리가 보통 '몸을 닦는다' '마음을 닦는다'는 말을 쓰고 있는데, 몸이든 마음이든 고정된 실체가 없다는 것을 알아야 합니다. 다시 말해 몸을 닦고 마음을 닦는 수행만 가지고는 궁극에 이르기 어렵다는 말입니다.

냥의 수행일기

10

# 수행은 마음이 중요해

## 집착에서 벗어나면 저승사자도 데려가지 못한다

부처님 당시에 법구경 같은 초기경전에도 이러한 내용이 나옵니다.

어떤 스님이 부처님께 수행 주제를 받아서 공부하고 있었는데, 아무리 수행을 해도 공부에 진전이 없었습니다. 이 스님은 애를 써도 공부가 잘 안 되니까 '부처님께 다시 새로운 수행 주제를 받아서 공부해야 겠다' 생각하고 길을 떠났습니다.

부처님을 뵈러 가는 길에 때마침 봄철이었는지 멀리서 아지랑이가 피어오르는 것을 보았습니다. 그 모습을 보고 문득 '내 마음도 저 아지랑이 같은 것이 아닐까? 내 마음이 있는 것 같지만 아지랑이처럼 잡으려면 실체가 없는 것이고 끄집어 내놓으려 하면 내놓을 수가 없구나' 하는 사유를 하게 되었습니다.

그리고 또 길을 한참 걷다가 피곤해서 폭포수 옆에 앉아 쉬었습니다. 폭포수를 바라보면서 피로를 풀고 있는데, 폭포 아래로 물이 떨어져서 물거품이 일어나는 모습이 눈에 들어오는 겁니다. 물거품 또한 생겼다가 금세 사라지는 것을 보면서 '내 몸뚱이도 저 물거품 같은 것이 아닐까. 일시적으로 태어났다가 일시적으로 사라지는…'

이런 생각을 하면서 명상을 합니다. 이때 부처님께서 멀리서 그것을 아시고 광명을 나투셔서 게송을 읊어 주셨습니다.

이 몸이 물거품처럼 허무하고
이 마음이 아지랑이처럼 실체 없음을 깨닫는다면
그는 능히 욕망의 꽃을 꺾으리니
죽음의 왕도 그를 보지 못하리라.

몸에 대한 집착(執着)을 쉬고 분별심을 쉬면 욕망이 쉬게 되므로 염라대왕이 데려갈 수가 없는 것입니다. 저승사자는 번뇌하는 마음, 즉 식(識)을 데려가는 것인데, 욕망 즉 식(識)이 쉬어버렸으니 보이지 않아서 데려갈 수가 없답니다. 다시 말해 집착과 분별과 욕망에서 벗어나면, 곧 해탈하면 더 이상 윤회하지 않는다는 것입니다.

# 짝퉁에도 두근두근

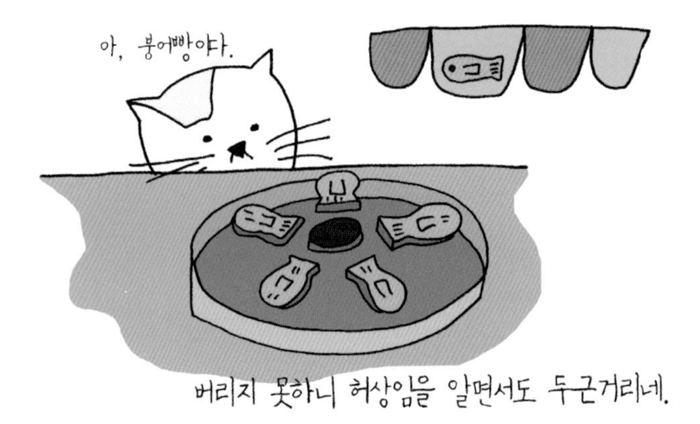

## 좁쌀처럼 쓸 것인가, 우주처럼 쓸 것인가

홍인 대사는 혜능의 게송을 보고 그가 문 안에 들어온 줄 알았습니다. 그러나 홍인 대사 문하에서 수행하는 다른 스님들, 즉 법랍이 많은 스님들이 1,000명 이상 수행하고 있는데, 아직 사미계도 받지 않은, 게다가 나무꾼 출신의 낫 놓고 기역자도 모르는 무식한 행자를 문 안에 있다고 공식적으로 인정해 줄 수 없었습니다. 그것은 바로 6조로서 인정해 주는 것이기 때문입니다.

그동안 신수를 후계자로 생각하고 있던 제자들에게 충격이 될 수도 있고, 자칫하다가는 신수를 따르는 수많은 제자들이 혜능을 시기 질투하여 해코지할지도 모르는 상황이었습니다. 그래서 홍인 대사는 일단 "가서 방아나 찧고 있어라" 하고 혜능을 돌려보냈습니다.

그 후 어느 날 홍인 대사는 방앗간으로 혜능을 찾아가서 "방아는 다 찧었느냐?"고 묻습니다.

혜능이 답하길, "쌀은 다 찧었으나 아직 키질은 하지 못했습니다" 라고 합니다. 다시 말해 쭉쟁이와 알갱이는 다 골라내질 못했다는 것, 홍인 대사로부터 아직 '네가 알갱이다'라는 인가를 받지 못했다는 것입니다.

이에 홍인 대사는 지팡이로 방아를 3번 탁 탁 탁 치고 방으로 돌아갔습니다. 즉 가장 야심한 시각인 3경에 방으로 찾아오라는 암호였던 것입니다. 혜능이 그 뜻을 알아차리고 3경에 찾아가니, 홍인 대사가 문에 천막을 쳐서 다른 이가 보지 못하도록 가려놓고는 금강경을 전수해 주었다고 합니다.

혜능은 금강경을 듣고 그 자리에서 바로 깨쳐서 그날 밤으로 법을 전해 받았습니다. 《육조단경》 덕이본에 의하면, 혜능은 금강경의 내용 중 '응무소주이생기심(應無所住而生其心 : 응당 머무는 바 없이 그 마음을 내어라)' 부분에 이르러 크게 깨쳤다고 합니다.

혜능은 일체 만법이 자성 속에 있음을 크게 깨닫고 5조 홍인 대사에게 말했습니다.

자성이 본래 청정함을 어찌 알았으리오.
자성이 본래 불생불멸함을 어찌 알았으리오.
자성이 본래 구족함을 어찌 알았으리오.

자성이 본래 동요가 없음을 어찌 알았으리오.

자성이 본래 모든 법을 창조함을 어찌 알았으리오.

만법이 다 자성(自性) 속에 있다는 말이 아주 중요한 표현입니다. 우리 모두를 창조한 것이 자성입니다. 스스로의 성품, 일체 만법이 다 자성 속에 있는 것입니다.

사람들에게 견성해야 한다, 즉 성품을 봐야 한다고 하니, '성품이 내 몸에 있나?' 하면서 몸속으로 찾아갑니다. 그래서 어떤 사람들은 몸속에 마음이 있고 마음 가운데 성품이 있다고 착각하는 경우도 있습니다. 만일 몸속에 성품이 있다면 내 마음은 내 몸보다 작고 내 성품은 내 마음보다 더 작아집니다.

그런데 성품은 그렇게 오종종한 것, 작은 것이 아닙니다. 어마어마하게 크다고 표현할 길조차 없이, 크기를 표현하기 불가능한, 무한대로 확장 가능하기도 하면서 미세한 먼지보다 작은 것이 될 수도 있습니다.

성품이 만법을 창조했으니 우주보다 더 큰 게 성품입니다. 우주가 성품에서 나온 것입니다. 또한 성품은 없는 곳이 없습니다. 내 몸 속에도 있고 내 몸 밖에도 있습니다.

그래서 거꾸로 생각해야 합니다. 성품 속에 마음이 있고 마음속에 몸이 있다고 생각해야 합니다. 그래야 내 마음을 내 몸보다 더 크게 쓸 수 있습니다. 마음을 크게 써야 다른 사람들을 다 포용할 수 있습니다.

마음은 좁쌀같이 작게 쓸 수도 있고 우주처럼 크게 쓸 수도 있습니다. 내 마음이 우주처럼 커져야 우주를 다 포용할 수 있는 것입니다. 내 마음이 몸 안에 있다면 내 몸보다 큰 것은 포용할 수 없다는 것을 알아야 합니다. 내 마음이 우주보다 크다는 것을 알고 그 마음을 쓴다면 좁쌀같았던 마음도 점점 더 커져서 마침내 우주를 감싸 안을 수 있을 것입니다.

냥의 수행일기

12

# 등대가 어딜 간다고?

## 깨달으면 스스로 건넌다

그날 밤으로 홍인 대사는 법을 전한 징표로 달마 대사로부터 전해 내려오는 가사와 발우를 혜능에게 주면서 빨리 떠나라고 했습니다. 친히 길을 안내해 마침내 강가에 이르러 나룻배에 태우고 홍인 대사가 직접 노를 저어서 혜능을 건네주었습니다.

혜능이 "제가 노를 젓겠습니다" 하니, 홍인 대사는 "아니다. 내가 지금 너에게 해 줄 수 있는 것은 이것밖에 없구나. 오늘은 내가 너를 이 언덕에서 저 언덕으로 건네주마. 앞으로는 네가 많은 사람을 이 언덕에서 저 언덕으로 건네주어라" 하고 당부하십니다.

노스님은 노를 젓고, 젊은 행자였던 혜능은 가사와 발우를 놓칠세라 꽉 움켜쥐고 있는 모습이 쌍계사 금당선원의 벽화에 그려져 있습니다. 초봄 매화꽃이 활짝 필 때 이 벽화를 보면서 이와 관련된 설명을 들으면 정말 실감이 납니다. 매화 향기가 코끝을 스치고, 그 옛날 스승과 제자가 법을 주고받는 아름다운 모습이 연상되어 가슴 깊은 곳에서 감동이 차오릅니다.

《육조단경》 돈황본에는 5조 홍인 대사가 노를 저어 강을 건네주겠다고 하자, 혜능이 다음과 같이 답합니다.

"미혹할 때는 스님이 건네주어야 하지만, 깨달은 뒤에는 스스로 건너야 합니다. 이제 이미 깨쳤으므로 자성으로 스스로 건널 뿐입니다."

위와 같이 혜능이 답하자, 5조 홍인 대사가 기뻐하면서 말했습니다.

"불법이 너로 말미암아 크게 홍행하리라. 자성으로 피안을 건너간 사람에 의해 불법이 크게 홍하리라."

5조 홍인 대사는 마침내 혜능을 6조로 인가하고 선종의 부흥을 예고하였습니다.

냥의 수행일기

13

# 진리를 얻으려면

## 성품은 닦을 필요 없이 리셋 버튼만 누르면 된다

평상시에 우리는 몸과 마음에만 관심을 갖고 살아가는데, 성품의 자리로 우리를 돌이켜 보내주는 리셋(reset) 버튼이 필요합니다. 리셋 버튼이 무엇인지 궁금하실 것입니다. 바로 6조 혜능 스님이 가르쳐 주신 것입니다. 몸과 마음에만 초점을 갖고 살아가던 것을 성품 자리로 돌이켜 주는 리셋 버튼, 그 리셋 버튼이 바로 '마하반야바라밀을 구념심행(口念心行)하라', 풀이하면, 마하반야바라밀을 입으로 염(念)하고 마음으로 행(行)하라는 것이지요.

마하는 크고, 반야는 밝은 지혜, 바라밀은 완전함, 이 언덕에서 저 언덕으로 건너간다는 것으로 지혜의 완성을 의미합니다. 우리의 본래 성품은 크고 밝고 지혜롭고 완전하고 때가 낄 수 없다는 것을 제대로 보면 되는 것입니다. 본래 성품은 공한 자리이므로 때가 낄 수 없기 때문에 사실 닦을 필요도 없습니다. 성품(性品)은 견성(見性)이라 하지 수성(修性)이라 하지 않습니다. 수심(修心)이라는 말은 쓰지 만 수성이라는 말은 쓰지 않습니다. 성품은 보는 것이지 닦는 것이 아니고, 본래 닦을 게 없기 때문입니다.

'본래무일물(本來無一物)', 본래 한 물건도 없다고 했습니다. 그런데 《육조단경》 돈황본에는 '본래무일물'이라고 하지 않고 '불성상청정(佛性常淸淨)'이라고 되어 있습니다. 불성은 항상 청정하다는 것입니다. 닦을 게 없다, 보면 된다는 말입니다. 자꾸 리셋 버튼을 눌러서 본성을 보면 됩니다. 그런데 리셋 버튼을 누르는 것이 어렵지도 않습니다. '마하반야바라밀을 구념심행'하는 것, 입으로 마하반야바라밀을 염하고 마음으로 행하면 됩니다.

냥의 수행일기

14

# 밥 먹는 게 수행

수행을 특별한 일이라고 생각하면 수행은 할 수 없을 것입니다.
특별한 사람이 특별한 공간과 시간에
특별한 자세로 해야 하는 것이 수행이라면
누구도 멈추지 않고 꾸준히 하기 힘들 거예요.
생활 안에 수행이 있고 그래야 합니다.
삶 자체가 수행이면 무엇 하나 허투루 하겠어요?

수행은 어렵지 않아. 욕심을 버리고 주어진 것에 만족하는거지. 이렇게 공양을 하고 행복한 마음으로 그릇을 비우고 씻고 또 담고.
우와! 얻은 것에 만족해 행복하게 먹기는 내가 전문이야
난 수행하려고 태어났나봐.

## 선(善)도 생각하지 말고 악(惡)도 생각하지 말라

중국 신룡(神龍) 원년에 중종 황제는 혜능 대사에게 조칙을 내립니다.

"짐이 혜안과 신수 두 대사를 궁으로 초청하여 공양을 하고 나랏일을 돌보는 틈틈이 일승의 이치를 구하려 하였는데 이 두 분의 스님께서 한결같이 '저 남방에 계시는 혜능 선사가 홍인 대사의 의발(가사와 발우)을 남몰래 전수받았으니 그분께 가르침을 구하라'고 천거를 하니 대사께서는 궁에 와서 짐에게 일승의 이치를 일깨워 주시기 바랍니다."

혜안과 신수, 이 두 스님은 경전 공부는 물론이고 수행도 한소식하시고 국사(國師)로서 황제에게 자문을 해 주는 당대 최고의 큰스님들입니다. 이 두 분 스님이 황제에게 자문을 하시면서 혜능 스님의 얘기를 자주 했었나 봅니다.

"5조 스님의 의발을 전수해 간 분, 진짜 법을 이은 분은 혜능 스님이니 그분에게 자문을 구하십시오"라고 했겠지요.

그래서 중종 황제는 설간(薛簡)이라는 사신을 남방으로 파견해서 혜능 대사를 모셔오도록 했습니다. 하지만 혜능 대사는 병을 핑계 삼아서 자연에서 일생을 마칠 수 있기를 원한다며 황제의 청을 거절했습니다. 설간은 혜능 대사에게 "그렇다면 황제 폐하에게 스님의 말씀이라도 전해 드릴 수 있도록 심요(心要: 마음 닦는 비결)를 알려 주십시오. 가르침을 주십시오"라고 청했습니다. 이에 혜능 대사는 "심요를 알고 싶다면 일체 모든 선(善)과 악(惡)을 생각하지 말라"라고 말씀해 주신 것입니다.

모든 선과 악을 생각하지 말라! 사람들은 대부분 선은 취해야 하고 악은 버려야 한다고 생각하는데, 왜 선과 악 둘 다 생각하지 말라고 했을까요?

혜능 대사의 일대기에는 이와 비슷한 가르침이 또 나옵니다.

혜능 대사가 행자 시절에 5조 홍인 선사의 의발을 전수받습니다. 앞에서 언급했듯이 그 당시 홍인 선사의 지도를 받으며 오랫동안 수행하던 스님들이 천 명이 넘게 있었습니다. 그런데 일자무식의 나무꾼 출신이 의발을 전수받게 되니 반발이 없을 수 없었겠지요. 홍인 선사는 혜능을 데리고 나와 배웅을 해 주면서 멀리 다른 지방에 가서 수행하며 때를 기다리라고 일러줍니다.

아니나 다를까, 염려했던 대로 혜능의 의발을 빼앗으려고 700여 명의 승려들이 뒤쫓아 왔습니다. 그중 가장 선봉에 섰던 스님이 무사 집안의 출신으로 기골이 장대한 혜명 스님이었습니다. 혜능이 대유령이라는 큰 고개로 도망을 가는데 혜명 스님이 "거기 섰거라" 하고 소리치며 쫓아오는 겁니다. 혜능이 돌아보니, 혜명 스님의 기세가 대단해서 잡히면 정말 큰일 날 것 같습니다.

'저 스님이 나를 쫓아오는 것은 이 의발 때문이다' 싶은 생각이 들었습니다. 혜능은 얼른 가사와 발우를 바위 위에 올려놓고 숨었습니다.

혜명 스님이 정신없이 달려서 혜능을 쫓아오다가 마침내 바위 위에 놓여 있는 의발을 보았습니다. 재빠르게 의발을 가져가려고 집었으나 의발이 바위에서 떨어지질 않는 겁니다. 그 순간 혜명 스님은 '아! 뭔가 있구나'라는 생각이 들었지요.

주위를 두리번거리며 살피다가 혜능 행자를 찾았습니다. 혜명 스님은 "사실 내가 이곳에 온 것은 의발을 빼앗으려 한 것이 아니고 가르침을 구하러 온 것입니다"라고 혜능에게 말했습니다.

혜명 스님은 사실 처음에는 의발을 빼앗으려고 뒤쫓아 온 것인데, 바위 위에 붙어서 떨어지지 않는 의발을 보고 깜짝 놀랐겠지요. 신통한 일을 겪고서 혜능이 탈취해 간 것이 아니고 '뭔가 이유가 있구나. 실력이 있어서 받았구나' 하고 혜능을 비로소 인정하게 된 것입니다. 물론 이 신비로운 이야기는 덕이본《육조단경》에는 나오지만 그보다 훨씬 이전에 만들어진 돈황본에는 나오지 않는 내용이긴 합니다. 후대인들이《육조단경》을 편집하면서 혜능의 법통과 수행력을 강조하기 위해 삽입해 놓았을 가능성이 큽니다.

그런데 의발이 바위에서 떨어졌느냐, 떨어지지 않았느냐 하는 사실 여부는 중요한 것이 아닙니다. 혜명 스님이 '아직 사미계도 안 받은 행자가, 게다가 글도 모르는 무식한 행자가 어떻게 5조 홍인 대사의 의발을 받을 수가 있겠는가. 이것은 분명 문제가 있다. 잘못된 일이다' 싶어서 도로 의발을 가져가기 위해 부랴부랴 쫓아온 사실에 초점을 두어야 합니다.

혜명 스님이 막상 쫓아와서 혜능을 보니 그게 아닌 겁니다. 부처님께서 깨달음을 이루시고 제일 먼저 5비구에게 법을 전하러 가셨을 때 장면을 연상하시면 이해가 잘 될 것입니다. 5비구는 본래 부처님의 절친한 친구이자 신하들이었는데, 부처님과 함께 고행하다가 부처님이 고행이 바른 길이 아님을 알아차리시고 고행을 버리시자 부처님을 비난하면서 헤어졌습니다. 그래서 안 좋은 감정을 갖고 있던 차에 부처님이 자기들에게 다가오는 것을 보고는 부처님을 외면하자고 서로 약속을 합니다. 그런데 막상 부처님이 가까이 다가오자, 그 거룩한 모습에 감화받아 부처님께 공손히 인사드리고 발을 씻겨드리는 등 스승에 대한 예로 극진하게 맞이한 것입니다. 그와 같이 혜명 스님도 혜능을 보고 마음이 바뀌었습니다. 바로 스승의 예를 갖춰 공손히 '가르침을 달라'고 청했고, 간청에 힘입어 혜능이 첫 법문을 해 줍니다.

"선(善)도 생각하지 말고 악(惡)도 생각하지 말라[不思善 不思惡]. 그럴 때 그대의 본래면목은 무엇인가?"

혜능의 위와 같은 말을 듣고 혜명 스님은 마음이 열렸다고 합니다. 우리가 살아가는 세상은 늘 선과 악의 잣대를 들이대며 살아갑니다. 선악의 잣대로 재고 선악에 걸리는 것은 세속의 가치이지 깨달음을 추구하는 수행의 세계는 아닌 것입니다. 니체는 이러한 점을 잘 간파하고 "불교는 기독교와 달리 선악의 저 편에 있다"고 했습니다. 선악의 이분법적인 사유를 넘어서는 것이 불교요, 특히 선불교의 세계입니다.

냥의 수행일기

15

# 가면 놀이

## 자기 잣대로 판단하지 말고 관찰자가 되라

혜능이 설간이라는 사신에게 한 말도 똑같은 가르침을 담고 있습니다.

"그대가 심요(心要 : 마음의 요체), 즉 마음 닦는 비결을 알고 싶다면 다만 모든 선과 악을 일체 생각하지 말라. 그러면 저절로 청정한 마음의 본체를 깨달아서 침착하고 항상 고요하고 현묘한 작용이 갠지스강의 모래알처럼 많아질 것이다"라고 전해 주었습니다.

여러분은 평소 어떻습니까? 옳다 그르다, 시시비비를 가리고 선악을 판단하면서 살고 있지는 않습니까? 판사도 아니면서 늘 모든 상황 상황마다 판결을 내리면서 살고 있지는 않습니까?

그런데 그 판결의 기준이 있나요? 잘 살펴보십시오. 사실 판결 기준은 없습니다. 언제나 판결 기준이 자기에게 있습니다. 그것조차도 한결같지 않다는 것을 잘 아시지요?

상대방이 자기에게 잘해 주면 기준이 완화됩니다. 한마디로 자기에게 쓰는 잣대와 남에게 쓰는 잣대가 다르다는 말입니다. 똑같은 일도 잣대를 달리 함으로 해서 천양지차가 납니다. 그 차이는 말로 헤아릴 수 없을 정도로 큽니다.

"자기가 하면 로맨스, 남이 하면 불륜", "자기가 하면 근성, 남이 하면 아집", "자기가 하면 이유, 남이 하면 핑계", "자기가 하면 주장, 남이 하면 변명", "자기가 하면 용기, 남이 하면 만용" 등등, 이와 같은 종류의 말을 수도 없이 만들어 낼 수 있는 것처럼 잣대를 달리하는 예는 일일이 거론할 수 없을 정도로 많습니다.

자기는 아무리 잘못을 해도 너그럽게 용서가 되고, 이유가 있고, 기가 막힐 정도로 합리화를 잘 시킵니다. 그런데 남들이 자기 기준에 맞지 않게 행동하면 바로 판단을 내려버립니다. 그래서 불협화음이 생기는 겁니다. 자기에게는 너그러운 잣대를 대고 남에겐 엄격한 잣대를 대니까 피차 힘들어지는 것입니다.

그래서 저는 평소 자기 잣대 들이대면서 판사가 되려 하지 말고 관찰자가 되라고 합니다. 관찰자는 다만 관찰할 뿐입니다. 상대방이 나쁜 사람인지 좋은 사람인지 판단을 유보하는 겁니다. 판결은 뒤로 미루고 관찰자는 그냥 관찰할 따름입니다. 이러쿵저러쿵 좋고 나쁜 분별을 하지 않습니다.

세상의 법칙들은 그 자체로서는 결코 좋은 것도 아니고 나쁜 것도 아닙니다. 칼도 과일을 깎을 수도 있고, 흉기로 쓸 수도 있습니다. 칼 자체에 좋고 나쁜 성질이 있는 것이 아니라 쓰는 사람이 어떻게 받아들이고 쓰느냐에 따라서 좋게 쓸 수도 있고 나쁘게 쓸 수도 있는 것입니다.

"선도 생각하지 말고 악도 생각하지 말라"는 혜능 대사의 말씀을 무릎을 탁 치면서 이해하고 가슴이 시원해지는 깨달음이 있으리라 믿습니다.

냥의 수행일기

16

# 자신의 뒷모습

## 분별심을 내지 않는 경지가 삼매다

6조 혜능 스님은 평소 '일상삼매', '일행삼매'를 강조하셨습니다.

일상삼매는 언제 어디서나 외부의 어떤 형상에 대해 미워하지도 않고 애착하지도 않고 취하지도 않고 버리지도 않는 것입니다. 보통 삼매를 닦는다고 하면, 가부좌 틀고 앉아서 근엄하게 고요히 수행하는 것을 연상합니다. 실제로 그렇게 해야 삼매에 들어갈 수 있다는 잘못된 선입견이 팽배해 있습니다.

하지만, 혜능 대사는 그렇게 닦는 것이 삼매가 아니라고 했습니다. '밖의 대상에 대해서 분별심을 내지 않으면 그것이 바로 삼매'라고 했습니다. 저는 이런 점이야말로 혜능 대사가 참선의 범위를 넓히고 삼매에 들어가는 법을 매우 폭넓게 열어 놓았다고 높이 평가합니다.

혜능 대사는 특수한 사람이 특수한 환경에서 정해진 날짜에만 참선을 하는 것이 아니라 누구든지 언제 어디서나 참선을 하고 삼매에 들 수 있는 분위기를 조성해 주었습니다. 혜능 대사는 열린 참선을 만들어서 초조 달마 대사 이래 중국에 들어온 선을 꽃피운 겁니다. 오늘날에는 당연해 보이는 것도 처음 문을 열어 놓을 때는 대단한 경지가 아니고서는 힘든 일입니다.

혜능 대사는 좌선에 대해서도 마찬가지로 설명합니다. 가부좌 틀고 앉아 있는 것이 꼭 좌선이 아닙니다. 제대로 수행하려면 마음이 앉아야 한다는 것입니다. 그리고 무엇보다 성품을 동요시키지 말아야 합니다.

염불기위좌(念不起爲坐) 잡념이 일어나지 않는 것이 좌요,
성불란위선(性不亂爲禪) 성품이 혼란스럽지 않은 것이 선이다.

6조 혜능 스님의 말씀처럼 참선의 초점은 몸이나 마음에 있지 않습니다. 성품에 있는 것입니다. 그래서 한생각, 잡념 일으키지 않는 것이 '좌'이고, 성품이 혼란스럽지 않은 것이 '선'이라고 하는 것입니다. 아주 멋진 표현입니다. 저는 이 글귀를 읽으면서 '아하!' 하는 감탄사가 저절로 나왔습니다.

보통 몸으로 하는 좌선을 많이 강조합니다. 물론 그렇다고 해서

몸으로 앉아서 하는 좌선을 하지 말라는 것은 아닙니다. 좌선은 당연히 해야 합니다. 그러나 혜능 대사께서 좌선의 지평을 말로 표현할 수 없을 정도로 어마어마하게 넓힌 데 대한 의미가 매우 크다는 것을 콕 짚고 넘어가자는 겁니다.

냥의 수행일기

17

# 빛과 어둠

## 성품에 초점을 맞추는 문 안의 수행으로 전환하라

살아서는 앉아서 눕지 못하고
죽어서는 누워서 앉지 못하네.
한 무더기 냄새나는 뼈다귀로써
어찌하여 공과(功過)를 세우겠는가?

6조 혜능 스님은 심지어 이런 게송을 더 지었습니다. 한마디로 이 몸뚱이에 초점을 맞추지 말라는 것입니다. 물론 수행을 할 때는 몸을 가지고 합니다. 그러나 초점 자체를 몸뚱이에 맞추면 안 된다는 겁니다. 몸뚱이에 초점을 맞춘 수행이 아니라 성품에 초점을 맞추는 수행으로 자꾸 전환을 해야 합니다. 계 · 정 · 혜 삼학을 바라보는 경우에도 6조 혜능 스님과 신수 대사는 차원이 달랐습니다. 신수 대사는 이렇게 가르쳤습니다.

제악막작(諸惡莫作) 모든 악을 짓지 않는 것이 계(戒)요,

자정기의(自淨其意) 스스로 그 뜻을 맑히는 것이 정(定)이며,

중선봉행(衆善奉行) 스스로 그 뜻을 받들어 행하는 것이 혜(慧)이다.

이를테면, 과거 일곱 부처님께서 공통적으로 설하신 게송인 칠불통계게는 다음과 같습니다.

제악막작(諸惡莫作) 모든 악은 짓지 말고

중선봉행(衆善奉行) 뭇 선을 받들어 행하고

자정기의(自淨其意) 스스로 그 뜻을 맑히는 것

시제불교(是諸佛敎) 이것이 모든 부처님의 가르침이다.

신수 대사는 칠불통계게를 가지고 계·정·혜 삼학으로 삼은 것입니다. 그런데 6조 혜능 스님은 거기에서 더 나아가 계·정·혜 삼학의 새로운 지평을 열었습니다. 물론 그것 자체를 무시하는 것은 아닙니다. 몸을 닦고 마음을 닦는 것이 필요 없다는 말이 아니고 성품을 봐야 한다는 말입니다. 몸과 마음을 닦는 것은 문 밖의 수행이므로 성품을 보는 문 안으로 들어와야 한다는 것이지요. 문 밖의 수행이 없다는 것도 아니고 필요 없다는 것도 아닌, 그것 자체로서 인

정하지만 문 안으로 들어와야 이른바 제대로 된, 깊은 수행이 된다는 것이지요. 문 안의 수행은 바로 성품자리에 초점을 맞추는 것입니다.

혜능 대사가 표현한 계·정·혜 삼학에 대한 내용을 보면 이해가 되실 겁니다.

심지무비자성계(心地無非自性戒)
심지무란자성정(心地無亂自性定)
심지무치자성혜(心地無癡自性慧)

마음땅에 그릇됨이 없으면 자성의 계요
마음땅에 산란함이 없으면 자성의 정이며
마음땅에 어리석음 없으면 자성의 혜이다.

6조 혜능 스님은 심지법문을 하신 것입니다. 법문의 초점이 성품자리에 맞춰져 있는 것이지요. 성품은 본래 완벽한 것이라서 닦을 게 없다는 말입니다. 계·정·혜 삼학도 더 이상 닦을 게 없고 다만 지키기만 하면 된다는 겁니다. 그게 바로 심지(心地), 마음 땅이라는 말입니다.

"성품에 그릇된 생각만 일어나지 않으면 자성의 계요, 마음 땅에 산란한 마음만 일어나지 않으면 자성의 정이요, 마음 땅에 어리석은 생각만 일어나지 않으면 자성의 혜"인 것입니다.

그러니까 더 이상 가져올 게 없고, 계 · 정 · 혜 삼학을 잘 간수만 하면 된다는 말입니다. 사람들은 이미 다 가지고 있는데, 그것도 모르고 자꾸 밖에서 가져오려고 하는 버릇이 있다는 것입니다. 마치 머리 위에 또 머리를 다는 격인데, 어떠십니까? 머리를 또 달고 싶으십니까? 아님 있는 성품을 잘 보고 완전 활용하시렵니까?

냥의 수행일기

18

# 망원경으로 볼 수 없는 것

## 구걸하지 마라, 평생을 써도 남아 도는 보배가 있다

법화경에 성품에 대한 아주 적절한 비유가 있습니다.

어느 날 어떤 사람이 친구 집에 놀러갔다가 하루 밤 자고 돌아갔습니다. 그런데 찢어지게 가난해서 고생하는 친구가 안타까워 친구의 옷 속에 평생 써도 남을 만큼 값비싼 보배를 넣어 두고 떠났습니다. 그런데 몇 년 후 그 친구를 만났는데, 동냥질을 하면서 떠돌아다니는 것입니다. "아니, 이 친구야, 이게 무슨 꼴인가? 내가 자네 옷 속에 보배를 넣어 두었는데 어찌 된 일인가?" 하면서 안타까워합니다.

이미 보배를 가지고 있는데, 전혀 보배의 존재를 모른 채 거지로 떠돌고 있으니 얼마나 한심한 일입니까? 그런데 이런 사람들이 정말 많습니다. 특히 절이나 성당, 교회에 가면 온통 해달라고 구걸하고 다니는 사람들뿐입니다. 그렇듯 구걸하는 마음의 심리에는 내게 없다는 마음, 어떤 능력이든 '나에게 없으니까, 저분에게는 있으니까'라고 생각하기 때문에 그저 달라고 매달리며 구걸하는 것입니다.

그러나 선(禪)은 구걸하는 게 아닙니다. 자기 자신에게 다 있는 것을 보는 것일 뿐입니다. 자성(自性), 자기 성품이 없는 사람이 어디 있습니까? 자성을 어디 집에 떼어놓고 다니는 사람 있나요? 자성은 떼어 놓고 다닐 수도 없습니다. 삼라만상 처처에 없는 곳이 없기 때문입니다. 자성은 내게 이미 다 갖추어져 있고, 이 우주에 충만합니다. 이미 갖추어져 있는 것을 꺼내 쓰면 됩니다. 그런데 꺼내 쓸 생각은 하지 않고 '~해 주세요'라고 구걸하는 습관이 세세생생 윤회의 수레바퀴를 굴리고 있는 것입니다.

선불교(禪佛教)에서는 "가지고 있는 것을 꺼내 써라. 평생 써도 남아돈다"고 합니다. 그것이 바로 오염되어 있지 않은 것에 바탕을 둔 수행이라 하여 불오염수(不汚染修)라고 하는 겁니다. 닦을 게 없는 수행, 닦을 게 없는 줄 알지만 닦는 수행이 불오염수입니다.

"내 성품은 본래 닦을 게 없다. 보기만 하면 된다. 몸과 마음도 본래 닦을 게 없다. 그러나 닦는다"고 하는 것이 제대로 된 닦음입니다. 몸과 마음은 실체가 없습니다. 그런데 실체가 없다고 안 닦으면 범부요, 닦으면 성인입니다. 본래 갖춘 것을 지키려고 닦는 것입니다. 새로 만들려고 닦는 것이 아니라는 말입니다. 비슷한 얘기 같지만 차원이 다릅니다.

냥의 수행일기

19

## 뒤를 돌아봐

살아서는 앉아서 눕지 못하고

죽어서는 누워서 앉지 못하네.

한 무더기 냄새나는 뼈다귀로써

어찌하여 공과(功過)를 세우겠는가.

- 6조 혜능

## 3장

# 텅 빈 충만

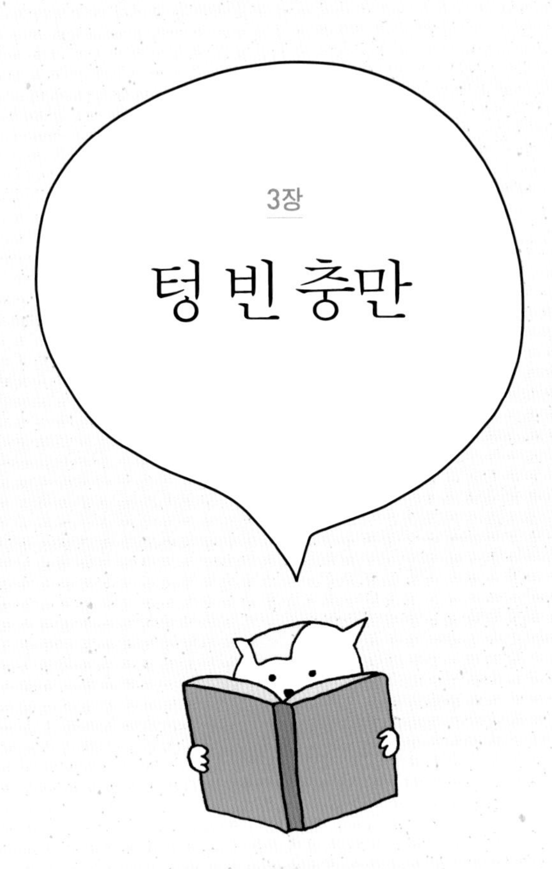

## 모든 존재는 그대로 다 불성의 드러남이다

대부분의 사람들은 자연과 인간을 분리해서 봅니다. 이러한 습관은 사람들의 아주 큰 착각 중의 하나입니다. 인간은 자연의 일부입니다. 자연과 떨어질래야 떨어질 수 없는 존재입니다. 예를 들어 히말라야 산에 올라가서는 '내가 산을 정복했다'고 하는데, 에베레스트는 단 한 번도 정복당한 적이 없습니다. 그저 사람들이 에베레스트에 깃발 하나 꽂고 내려왔을 뿐이고, 에베레스트가 잠시 받아 준 것뿐입니다. 그래서 진정한 산악인들은 "에베레스트가 잠시 나를 받아 주었다"라고 말합니다.

자연이 받아들여 주지 않으면 인간은 자연 속에서 한 순간도 존재할 수 없습니다. 그렇기 때문에 인간이 자연과 별개의 독특하고 대단한 존재인 양 생각하는 착각에서 벗어나야 합니다. 인간은 자연의 일부라는 것을 인식하고 자연과 함께 조화롭게 살아가는 것, 이러한 지혜로운 삶을 항상 염두에 두어야 합니다.

자연이 옷을 갈아입는 계절, 뚝뚝 떨어지는 낙엽을 보면서 제행무상을 느끼기 마련입니다. 영원하지 않고 변하는 데서 슬픔을 느낄 수도 있지만, 우리의 삶과 죽음도 자연이 옷을 갈아입는 것과 같다는 것을 알게 되면 근원적인 슬픔을 넘어설 수 있을 것입니다. 자연을 관찰하면 신기하고 신비한 느낌이 듭니다. 그런데 그것이 신기하고 신비한 것이 아니라 아주 자연스러운 일입니다. 자연은 누가 주관하고 있는 것이 아니라 스스로 그러하다고 해서 자연(自然)인 것입니다. 그것을 잘 인식하면 언제 어느 때나 여여할 수 있습니다.

이 책에서 처음부터 끝까지 계속 강조하며 거듭거듭 말하는 것이 자성(自性)입니다. 자성을 한자 그대로 풀이하면, 스스로의 성품입니다. 자성도 역시 자연스러운 것, 스스로 그러한 것입니다. 다시 말해 일부러 만들어 내거나 작위(作爲) 즉 억지로 하려고 할 필요가 없습니다. 그러면 오히려 거기서 벗어나는 것입니다. 우리가 봄을 일부러 만들어낼 수도 없고, 여름을 만들어낼 수도 없습니다.

자연을 만들기 위해 어떤 인위적인 노력을 한다면 오히려 부작용이 나타날 수도 있습니다. 자성도 마찬가지입니다. 자성은 스스로 그러한 성품이기 때문에 인위적인 노력을 하지 않아도 됩니다. 바로 지금 이 자리에서 그러한 성품임을 보고 알아차리면 됩니다.

냥의 수행일기

20

## 부처는 거울 안에

내가 도달하고자 하는 곳이 닿지 않을 먼 곳에,

보이지 않는 안개 너머에 있다고 생각하면

영원히 그곳에 가지 못할 것입니다.

무엇이든 가까이에서 찾으세요.

늘 내 곁에 있는 곳에 답도 있습니다.

부처님을
직접 뵙고 싶어요.
길을 알려 주세요.
이 거울을
들여다 보게.
안에 계시네.

## 텅 비었기 때문에 채울 수 있다

마음 땅은 온갖 종자 머금었으니
두루 내린 비에 모두가 싹이 트네.
꽃의 본성을 단박에 깨닫고 나면
보리(菩提)의 열매 스스로 이루어지리라.
- 6조 혜능

위의 게송에서 마음 땅은 바로 성품을 가리킵니다. 즉 성품은 모든 것이 될 수 있는 가능성을 뜻합니다. 불성(佛性), 부처가 될 가능성이라 해도 같은 말입니다. 제가 늘 강조하는 말이 있습니다. "부처도 될 수 있는데 무엇인들 될 수 없으랴. 우리는 신도 될 수 있고, 인간도 될 수 있고, 축생도 될 수 있다. 내 인생은 내가 선택한다. 내 인생은 내 작품이다"라는 말도 여기에서 나온 것입니다.

위의 게송에서 '온갖 종자를 머금었다'는 것은 모든 가능성을 말합니다. 그리고 '비가 내리면 싹이 튼다'는 것은 연(緣)을 만나면 싹이 튼다는 것이지요. 우리 모두 연을 만나서 이렇게 싹이 튼 것입니다. 불성 자리에 싹이 터서 이런 모습으로 이렇게 있는 것입니다. 이 우주도 그렇고 나도 그렇고 들판에 옹기종기 피어 있는 들꽃도 햇살, 바람, 땅, 물 등 여러 가지 연(緣)을 만나 그 도움으로 싹이 튼 것입니다.

'꽃의 본성을 단박에 깨닫고 나면', 여기서 '꽃의 본성'이라 함은 공성(空性)입니다. 생각해 보십시오. 꽃씨를 심을 때 꽃씨 속에 꽃이 있습니까? 그저 씨앗일 뿐입니다. 그런데 꽃씨를 심어놓고 양지 바른 곳에 놓고 물을 주면 꽃이 핍니다. 희한하지 않습니까? 이것이야말로 정말 희한한 일입니다.

불성은 공성입니다. 공(空)합니다. 본래는 텅 비어 없다는 말입니다. 그러나 희한하게도 꽃씨라는 인이 연을 만나면 뭔가가 생깁니다. 이것이 바로 '꽃의 본성을 단박에 깨닫고 나면 보리의 열매 스스로 이루어지리라'라는 게송의 뜻입니다. 텅 비었기 때문에 무엇으로든 채울 수 있는 것입니다. 이제 '공(空)하기 때문에 인과 연에 의지하여 창조되고 소멸되는구나' 하는 것을 체득하셨지요?

냥의 수행일기

21

# 스쳐 지나갈 뿐

우리의 삶과 죽음의
의미는 여기 시들어 떨어진
꽃과 같아. 그냥 잠시 스쳐
지나갈 뿐이지. 어제까진
이뻤는데...

## 산중수행이 필요한 까닭

6조 혜능 스님이 궁중의 청을 거절한 이유는 뭘까요? 대부분의 사람들은 황제가 궁중으로 초청해 주면 감지덕지 가문의 영광으로 여기면서 한달음에 달려가는데, 왜 6조 혜능 스님은 거절했을까요?

물론 이미 혜안이나 신수 같은 큰스님이 계셔서 황제의 국정운영이나 안심입명에 조언을 해 주고 있기 때문에 구태여 당신까지 가실 필요가 없다고 생각했을지도 모릅니다. 그런데 더 중요한 것은 수행에 집중하기 위해서였을 겁니다.

사실 공부는 산속에서 하는 게 잘 됩니다. 저도 저자에 나와서 강의하고 방송하고 법문하고 수행 지도한다고 여기저기 분주하게 다니고 있습니다만… 강의하고, 새벽예불하고 참선을 하면 에너지가 다시 재충전되는 듯한 느낌을 받습니다.

깊은 산에 깃들어서 수행을 하면 몸이 먼저 압니다. 산이 갖는 맛과 힘이 느껴지고, 그 힘이 고스란히 들어오는 듯해 한결 몸과 마음이 상쾌하고 유쾌해집니다. 새로운 에너지가 샘솟는 듯한 느낌을 체험해 보신 분은 다 아실 것입니다.

그런데 도시에서 정해진 일정을 소화하기 위해 이리저리 바쁘게 돌아다닐 때는 에너지를 충전하는 것이 아니라 빼먹는 느낌, 손가락 끝으로 쑥 빠져나가는 느낌이 듭니다. 집중적으로 원고를 쓸 때도 그렇습니다. 원고를 탈고할 때쯤 손가락 끝으로 에너지가 빠져나가고 급 피곤을 느낍니다.

하지만 산속에 들어가서 수행을 하면 빠져나간 에너지가 충전되는 듯한 기분도 들고 실제로 기운이 샘솟는 것이 느껴집니다. 그래서 산중 수행이 확실히 필요하다는 것을 알았습니다. 주위에도 적극 권하고 있지요. 지난 2011년에 이천 행불선원을 개원한 것도 도심 한복판이 아닌 고요한 선원에서 수행하여 에너지를 충전해야 한다는 생각에서입니다.

# 특별하지 않은 것

특별한 것, 남들이 하지 않은 것,
나만 아는 것에 열광하는 세상입니다.
하지만 특별하다 여기는 것도
저 멀리서 보면 관점의 차이일 뿐입니다.
정상에 올라서 더 높은 정상을 찾는 것이 사람의 마음이에요.
만족할 줄 알아야 하고
진리는 항상 자신의 곁에 놓여 있음을 알아야 합니다.

진리가 있는 정상은 대체 어디지? 지도대로라면 이 근처가 분명한데. 특별한 곳이라 눈에 띄지 않는건가?
진리의 산

## 좋은 목재는 심산구곡에서 나온다

6조 혜능 스님의 스승인 홍인 대사도 이에 대한 질문을 받고 다음과 같이 대답했습니다.

"크고 좋은 집의 목재는 원래 심산구곡에서 나오는 법이다. 사람이 많이 사는 도시 가까운 곳에 있지 않다."

자잘한 나무는 도시 근처에도 많습니다. 하지만 대들보와 기둥으로 쓰이는 가장 중요한 나무, 한마디로 크고 재질이 좋은 나무는 깊은 산속에 있습니다. 왜냐하면 도시 근처의 나무는 자라기도 전에 다 베어버리기 때문입니다. 조금만 자라면 다 베어서 가져가 버립니다. 도시에 있으니 사람들의 눈에 잘 뜨이고 가져가기 쉽기 때문에 금방 베어버리는 것입니다. 그래서 당장 쓰는 것은 도시 근처에 있는 것이 좋을지 몰라도 정말 크게 쓰려면 깊은 산속에서 오랫동안 키워야 합니다. 나무는 수십 년, 수백 년이 되어야 동량이 됩니다.

한편 나무 자체 외에도 산이 주는 에너지가 대단히 큽니다. 예를 들어, 지리산은 높기도 높지만 3개의 도에 걸쳐 있는 우리나라에서 면적이 가장 큰 산입니다. 그런데 지리산 자체가 가진 힘이 있습니다. 제가 지리산 쌍계사에 승가대학 학장으로 머물고 있을 때 종종 그런 느낌을 가졌습니다. 그러면서 '역시 스님은 산속에 살아야 돼' 하는 독백이 가슴 깊은 곳에서 우러나온 적이 아주 많았습니다.

또한 사람의 성향에 따라 수행처를 달리 하는 것이 좋습니다. 이는 깊은 산중에서도 똑같이 적용되는 말입니다. 예를 들어 산에는 앞이 탁 트인 곳도 있고, 막힌 곳도 있고, 어두컴컴한 동굴도 있고, 깨끗하고 벌레가 없는 곳도 있고, 지저분하고 벌레가 많은 곳도 있습니다.

그런데 탐욕이 많은 사람은 지저분하고 벌레가 스멀스멀 기어 나오는 곳이 수행처로 적합합니다. 왜냐하면 지저분한 것, 벌레 자체가 혐오감을 일으키게 하기 때문입니다. 탐욕이 많은 사람은 주변 상황을 일부러 지저분하고 기분 나쁘게 만들어서라도 혐오스러움을 느끼는 수행을 해야 합니다. 몸뚱이도 자르고 눈도 뽑아버리는 연상을 하게 해서 '혐오스럽다' '혐오스럽다' 하면서 탐욕심을 내려놓는 수행을 해야 합니다. 혐오스러운 것은 눈에 보이는 것 자체가 괴로움 덩어리이기 때문에 그런 지저분한 장소를 택해서 수행하면 됩니다. 벌컥벌컥 화를 잘 내는 사람은 깨끗하고 쾌적한 도량이 좋고, 느리고 답답한 사람은 높아서 산도 강도 잘 보이고, 시야가 탁 트인 곳이 적합합니다.

한편, 집중 수행을 할 때는 산속에서 어느 정도 중심이 잡힐 정도로 깊이 공부해야 합니다. 수행이 푹 익어서 여러 사람들과의 관계 속에서 견딜 만하다고 생각되면 도시로 나와서 수행해도 됩니다. 사실 어느 정도 공부가 된 상태에서는 사람들이 붐비는 도시에서도 수행할 수 있고 일상삼매를 닦을 수 있겠지만, 처음에는 어려울 수도 있습니다.

그래서 틈나는 대로 산속 깊은 곳에 가서 집중 수행을 하는 것이 좋습니다. 제가 행불선원 이천법당을 일군 것도 집중 수행의 필요성을 절감했기 때문입니다. 평소에는 도시에서 수행을 하다가 시간을 내서 산속 깊은 곳에서 수행을 하면 아주 좋습니다. 요즘엔 템플스테이를 운영하는 산사가 많으니 시시때때로 산사에 찾아가 자신을 단련시켜야 합니다. 수행은 어디서나 할 수 있으나 과연 어디서 하는 것이 효율성이 있는지는 생각해 봐야 합니다.

냥의 수행일기

23

# 마음의 눈을 떠라

## 본래 부처라는 지견으로 바라보고 행동하라

6조 혜능 스님은 성품을 땅에 비유했습니다. 땅이 모든 만물을 머금어서 키워주듯이 성품이 마음의 땅처럼 모든 것을 머금고 있다가 때가 되면 발현시켜 주기 때문입니다. 그래서 '심지법문'이라 하는 것입니다.

불교에서는 불성(佛性) · 심지(心地) · 불지견(佛知見)이라는 말을 자주 씁니다. 특히 우리는 본래 부처라는 불지견(佛知見)으로 자기 자신과 이 세상을 바라보아야 합니다. 절대로 '나는 어리석은 중생이다' 하는 중생지견을 갖지 말라고 하셨습니다. 마음을 어떻게 가지느냐에 따라 그 결과가 다르게 나오는 것은 요즘 과학적으로도 증명되고 있습니다.

인생만사 마음먹기에 달려 있는데, 이왕이면 불지견을 갖고 살아야 합니다. 아니 거짓으로 일부러 마음을 먹는 것이 아니라 실제로 부처님께서 진리를 깨닫고 보니 사람뿐만 아니라 고물고물 움직이는 모든 중생이 불성 존재임을 보신 것입니다. 비록 깨닫지 못해서 스스로 불성 존재임을 확실히 모른다 손치더라도 부처님이 깨닫고 말씀하신 것처럼 불지견을 가지고 살아야 합니다. 불자들에게 믿음이란 부처님을 믿고 추종하는 것이 아니라 우리 모두 불성 존재라는 것을 믿는 것입니다. 믿음에서 더 나아가 부처님의 가르침을 이해하고 가르침대로 행하면, 그 믿고 이해하고 행하는 가운데 바로 자기 자신이, 내 이웃이 부처라는 것을 증득하게 됩니다.

마음 땅은 온갖 종자 머금었으니
두루 내린 비에 모두가 싹이 트네.
꽃의 본성을 단박에 깨닫고 나면
보리(菩提)의 열매 스스로 이루어지리라.
- 6조 혜능

위의 6조 혜능 스님의 게송에서 '두루 내린 비'는 땅에 종자가 심어져 있어도 비가 내리지 않으면 싹을 틔울 수 없다는 것을 뜻합니다. 물론 여기서 비는 법우(法雨)를 의미합니다. 우리는 누구나 다 부처가 될 수 있는 불성 존재입니다. 그러나 누구나 부처될 가능성은 있지만, 다 부처냐 하면 그렇지는 않습니다. 존재의 본성 자체는 부처라고 할지라도 부처로 사느냐, 살지 않느냐에 따라 부처인지 아닌지가 판명되는 것입니다. 궁극적으로 부처의 행을 해야만 부처가 되는 것입니다.

우리 모두 가능성은 가지고 있지만, 부처님의 법문을 듣고 배우고 실천해야 과위를 성취할 수 있습니다.

법구경 같은 초기경전에도 보면 "사리자처럼 뛰어나고 훌륭한 제자도 만약에 부처님의 게송을 듣지 못했다면 수다원과조차 얻지 못했을 것이다"라는 말이 나옵니다. 부처님의 게송을 들은 덕분에 과위를 성취했다는 겁니다. 부처님의 10대 제자 중에서도 으뜸으로 손꼽히는 지혜제일 사리뿌뜨라도 부처님의 게송을 듣고 수다원과와 아라한과를 얻었는데 우리 같은 범부는 말할 것도 없지요.

단비가 내리지 않으면 도저히 꽃을 피울 수가 없는 것입니다. 부처님이 계시지 않거나 불법이 없는 시기에는 과위를 아무도 못 얻는다고 합니다. 가장 낮은 과위인 수다원과조차 얻을 수 없다는 겁니다.

냥의 수행일기

24

# 자신에게 벌주기

## 리셋만 하면 본래 자리로 돌아갈 수 있다

마음 땅에 종자가 있어도 비가 내리지 않으면 싹을 틔울 수 없습니다. 그러나 비가 골고루 내린다고 해서 모든 종자가 다 싹을 틔우지는 않습니다. 비가 내려도 싹을 못 틔우는 종자가 분명히 있습니다. 그렇듯 부처님의 가르침을 듣고도 무슨 소리인지 모르는 사람도 있습니다. 모르는 사람은 손에 쥐어 주어도 모른다는 말처럼 과거 생부터 금생에 이르도록 마음공부를 하지 않았기 때문에 들어도 잘 모르는 겁니다. 받아들일 준비가 되어 있지 않으면 앞으로 나아가기 힘든 것이 마음공부입니다.

삶의 초점이 몸뚱이, 그저 먹고 사는 데만 맞추어져 있는 사람들에게 마음공부는 아주 요원합니다. 진리에는 전혀 관심이 없는, 이런 사람들에게는 깨달음의 법을 얘기해 줘도 쇠귀에 경 읽기입니다. 그저 자기 몸뚱이 하나, 자식 하나, 거기에만 초점이 가 있으니 아무리 귀한 얘기를 백날 천날 해 주어도 귀에 들어오지 않는 겁니다. 그래서 마음공부에도 시절인연이 필요한 것입니다.

우리는 6조 혜능 스님 덕분에 자기 본성을 볼 수 있고 불지견을 열게 되었습니다. 지금까지는 '별 수 없는 중생이지 뭐' 하는 생각에 빠져 한없이 볼품없는 중생이라 여기며 살다가 '우리가 본래 부처다' '우리가 부처님의 아들 딸이다'라는 생각을 갖게 되었다는 것은 정말 대단한 일입니다.

불지견을 가지면 바로 중생에서 부처가 되는 길이 열립니다. '내가 본래 부처다'라는 생각을 가지면 얼마 안 가서 부처가 될 수 있습니다. 왜냐하면 본래 부처이기 때문입니다. 리셋만 하면 됩니다. 본래 부처였는데 지금 쓸데없는 중생 놀음을 하고 있으니 이것을 리셋만 하면 본래 자리로 돌아가는 것입니다. 불지견을 가지면 본래 부처였기 때문에 부처가 되는 것이 아주 쉬워요.

그런데 중생지견에 사로잡혀 있으면 백날 천날 공부해도 부처가 되기 힘듭니다. 중생이라는 견해가 부처 되는 길을 애시당초 막아버립니다. 그래서 본래 부처인데도 부처가 되기 어려운 것입니다. 중생지견을 가지고 '나는 중생이다. 중생이 무슨 일을 하겠어.' '인간이 다 그렇지 뭐'라는 생각을 갖고 있으면 부처가 되는 것이 거의 불가능합니다. 마조도일과 남악회양 선사의 일화에서 엿볼 수 있듯,

기왓장을 갈아서 거울을 만들려는 것과 똑같습니다.

견해에 따라 삶이 천차만별로 달라진다는 것은 역사 속의 수많은 일화에서도 알 수 있을 것입니다. 한마디로 견해가 다른 것은 품종이 다른 것이라 할 수 있습니다. 앞에서 말씀드렸듯 불지견을 가지고 있으면 부처 되는 게 오직 시간문제입니다. 마치 어린아이가 어른이 되고, 풍산 강아지가 자라서 풍산 개가 되는 것과 같은 이치이기 때문입니다. 하지만 본래 부처라 해도 중생지견에서 벗어나지 않는 한 중생 놀음을 면치 못합니다.

'우리가 본래 부처님과 같은 종자이다'라는 것을 완전히 체득하는 것이 불지견입니다. 그러한 불지견을 갖고 수행하는 것이 바로 '수행불행(修行佛行)', 즉 '행불(行佛)'입니다. 행불은 《육조단경》에 나오는 말입니다. 6조 혜능 대사는 '성불은 행불로부터 나온다는 것'을 체득하시고, 우리에게 행불을 하라고 가르치신 것입니다.

본래 부처! 불지견에 대한 확신을 가지고 수행하면 아주 쉽게 부처가 됩니다. 마음 · 성품에 대해 수행하는 것이 행불인데 코 만지기보다 쉽습니다. 왜냐하면 본래 부처임을 보는 것이고, 힘들게 수행하지 않아도 리셋만 하면 되기 때문입니다. 리셋 버튼만 누르면 부처가 된다는 것을 명심하시기 바랍니다. 마하반야바라밀!

냥의 수행일기

25

# 좁쌀 안의 세상

## 우주도 살아서 움직이고 있다

불교에서는 일체중생 실유불성(一切衆生 悉有佛性)이라 하여, 모든 중생이 다 불성을 지니고 있다는 것을 강조하고 있습니다. 이것은 열반경과 법화경 등 대표적인 대승경전의 중심 사상이기도 합니다. 불성은 부처로서의 성품을 뜻하고 성품은 온 우주에 그대로 다 드러나 있는 것입니다. 누구나 다 간직하고 있는 성품은 감추려고 해야 감출 수가 없고, 눈을 감아도 보입니다.

일본 조동종의 창시자인 도겐 선사는 '일체중생 실유불성'을 '일체가 중생이요, 실유가 불성이다'라고 했습니다. '모든 존재는 그대로 다 불성'이라는 것이지요. '일체중생이 다 불성을 지니고 있다'고 하니 내 몸속 어딘가 불성이 있는 것으로 생각하는 분들이 많습니다. 그런데 그런 뜻이 아닙니다. '일체는 중생', 즉 '살아서 움직인다, 모든 것은 살아서 움직이고 있다'는 것을 뜻합니다.

이 '우주도 살아서 움직이고 있다'는 것입니다. 우주도 하나의 유기체로서 살아서 움직이고 있다는 사실이 과학적으로 증명되고 있습니다. 세상 만물이 고정된 모습으로, 일합상(一合相)으로 있는 게 단 하나도 없습니다. 우주는 빅뱅을 통해 지금도 계속 팽창하고 있고, 지금 이 순간도 변화하고 있습니다. 우주 자체가 변하고 있는데, 그 속에 살고 있는 것들이 변하지 않을 수가 있겠습니까? 가만히 있어도 변하는 것입니다. 우리 몸뚱이는 생로병사(生老病死), 마음은 생주이멸(生住異滅: 나서 머물다 변하여 소멸함), 우주는 성주괴공(成住壞空: 성립되고 머무르고 파괴되고 공의 상태로 되어감)한다는 것이 불교의 진리입니다.

변한다는 것이야말로 진리입니다. 변하지 않는 것은 딱 하나밖에 없습니다. 모든 것이 변한다는 진리! 오로지 그것만 변하지 않는 것입니다. 이 세상 만물은 다 변한다는 것, 그것이 물질적인 것이든 정신적인 것이든 다 변합니다. 정신적으로도 존재하는 것은 다 변한다는 것을 아시겠습니까?

일체 모든 중생은 살아서 움직이고 있습니다. 사람과 동물뿐만 아니라 식물도 심지어 광물까지도 다 살아서 움직입니다. 바위나 쇳덩이도 가만히 움직이지 않는 것 같아도 현미경으로 들여다보면 수많은 분자와 원자가 그 안에서 움직이고 있답니다. 바위도 닳아서 없어지고 쇳덩이도 시간이 지나면 녹이 습니다. 일체가 다 변하는 것입니다. 그래서 도겐 선사는 일체는 다 살아 움직이고 있고(일체중생), 모든 존재는 다 불성이다(悉有佛性)라고 한 것입니다.

불성을 '지니고 있다'고 하니까 자꾸 '불성이 이 안에 있는가?… 머리에 있는가?… 몸에 있을까?… 전체에 있을까?'라고 생각하게 됩니다. 그러다 보니 아무리 커봐야 자기 몸뚱이밖에 안 되는 것을 불성이라 생각하고, 자꾸 나라고 생각하게 되는 것입니다. 그런데 사실은 그게 아닙니다. '모든 존재는 그대로 다 불성'입니다. 즉 모든 존재가 다 불성의 드러남이라는 것을 인식한다면 우주보다 넓은 불성을 체득할 수 있습니다.

냥의 수행일기

26

# 거울을 닦아도 못 보는 것

## 몸이 가든 몸이 오든 본래 삼매로다

6조 혜능 스님과 지성 선사와 얽힌 게송을 소개하겠습니다.

일체에 무심함이 자성의 계(戒)요,
일체에 걸림 없음이 자성의 혜(慧)요,
늘어나지도 않고 줄어들지도 않음이 스스로의 금강이요,
몸이 가든 몸이 오든 본래 삼매로다.
-《전등록》

이 게송은 얼핏 보면 계·정·혜 삼학을 나타내는 것 같지만, 성품 자리를 잘 드러내 주는 게송입니다. 게송의 배경을 살펴보면 다음과 같습니다.

지성 선사는 길주 태화 사람으로 원래 신수 대사의 제자였습니다. 신수 대사는 5조 홍인 대사의 문하에서 대중스님들을 가르치는 교수사였고, 나중에는 나라의 스승으로 황제에게 조언을 해 주는 국사(國師)가 되었을 정도로 당대 가장 뛰어난 고승이었습니다. 6조 혜능 스님은 홍인 대사의 지시로 6개월 정도 행자 생활을 하다가 홍인 대사로부터 의발을 전수받고 멀리 몸을 피해 보림을 했습니다. 하지만 신수 대사는 계속 홍인 대사의 문하에 있다가 중국의 수도에서 국왕 대신들을 정신적으로 이끌어주는 국사가 된 것입니다.

신수 대사의 제자들은 "일자무식의 혜능에게 무슨 장점이 있겠습니까?" 하면서 비방하기 시작했습니다. 6조 혜능 스님은 가난한 나무꾼 출신으로 출가해서 경전을 제대로 공부한 적도 없었습니다. 그저 우연히 다른 사람이 금강경 읽는 소리를 듣고 깨달았던 것입니다. 그러니 '그런 사람에게 무슨 장점이 있겠느냐'며 스님들이 6조 혜능 스님을 폄하했지요. 그러나 신수 대사는 오히려 그들을 타일렀습니다.

"그는 스승 없이도 깨닫는 지혜를 얻어서 최상승의 도리를 깊이 깨달았으니 나는 그보다 못합니다. 나의 스승인 5조께서 친히 의발과 법을 전해 주셨으니 어찌 예사로운 일이겠습니까? 다만 한스러운 것은 6조 혜능 스님의 회상인 조계산이 너무 멀리 떨어져서 내가 그곳에 가지도 못하고 여기서 국가의 은혜를 받는 일입니다. 그러니까 그대들은 여기에 머물지 말고 조계산으로 내려가서 6조 혜능 스님에게 배워서 내게 전해 주시오"라고 부탁하였습니다.

이렇듯 신수 대사와 같은 마음으로 말하고 실천하는 것이 생각처럼 쉬운 일은 아닙니다. 역시 신수 대사는 수행력이 깊은 큰스님이었습니다. 사실 보통사람 같으면 혜능의 허물을 꼬집고 무식하다고 비방할 수도 있는데, 스승이 법을 전해 준 혜능을 시기하지 않고 그대로 인정해 준 것입니다.

여러분은 만일 신수 대사와 같은 상황일 때 어떻게 하시겠습니까? 신수 대사는 라이벌이라고 생각조차 하지 않았던, 세간의 잣대로는 도저히 상대할 수조차 없을 정도로 모자란 사람에게 완패한 상황입니다. 다 딴 것으로 알고 있는 금메달을 뺏긴 것과 비슷한 상황이라 할 수도 있습니다. 어지간한 사람은 신수 대사처럼 하기 힘듭니다. 신수 대사는 마음이 열려 있고, 하심(下心)이 되었기 때문에 6조 혜능 스님을 존재 자체로 인정할 수 있었던 것입니다.

저는 늘 우리 절 신도님들에게 편식을 하면 안 된다고 말합니다. 아무리 제가 해 드리는 말씀이 좋다 해도 법문이나 강의를 한 사람에게만 계속 듣다 보면 음식을 편식하는 것처럼 됩니다.

아무리 좋은 것도 그것만 편식하면 건강에 불균형을 초래하듯이 정신도 마찬가지입니다. 훌륭한 스님의 유명한 강의가 있으면 찾아가서 듣고, 또 다니는 절에 모시자고 청해서 도반들과 함께 듣기도 하는 등 다니면서 여러 선지식들의 지혜와 자비를 배워야 합니다. 선지식마다 각각 갖고 있는 장점이 다 다릅니다. 제게 없는 것이 다른 분에게 있을 수 있고, 다른 분에게 없는 것이 또 저한테 있을 수 있습니다. 이분 저분 좋은 점만 찾아다니면서 배우면 됩니다.

그런데 '꼭 여기가 아니면 안 된다', '내가 아니면 안 된다'고 강조하는 분들이 있습니다. 바로 아상(我相, egoism) 즉 '나라는 집착' 때문입니다. 특히 종교인들이나 학자들 중에서 그런 분들이 많은데, 이 아상을 경계해야 합니다. 수행은 아상을 지우는 작업인데, 어설프게 수행을 하면 오히려 아상이 더 도드라집니다. 하지만 수행을 제대로 하면 점차로 아상이 쉬어집니다. 아니 아상 자체가 일어나지 않습니다. 아(我)가 공한 것임을 알게 되고 독존적 실체가 아닌 연기적 존재임을 확실히 알게 됨으로써 저절로 아상에서 벗어나게 됩니다.

저는 신수 대사가 국사의 지위에 오른 것이 그냥 명성으로서가 아닌, 수행력과 덕행 덕분이라고 생각합니다. 신수 대사의 말과 행동에서 아상이 쉬어졌다는 것을 확실히 느낄 수 있었기 때문입니다. 하지만 신수 대사의 명을 받은 수많은 제자들이 혜능 스님을 찾아가서는 돌아오지 않는 겁니다. 6조 혜능 스님의 지도를 받으면서 수행이 일취월장하는 것을 체득하게 되고, 6조 혜능 스님의 법이 좋은 만큼 신수 대사에게 돌아갈 생각을 하지 않는 것입니다. 그래서 신수 대사는 6조 혜능 스님의 가르침을 전혀 알 수 없었고 늘 궁금해 했습니다.

신수 대사의 제자였던 지성 스님도 몰래 신분을 숨기고 6조 혜능 스님의 법문을 들었습니다. 그런데 법문을 듣다 보니 격이 다른 겁니다. 물론 신수 대사의 가르침도 옳고 유익하긴 한데, 6조 혜능 스님의 법문은 한마디로 차원이 달랐던 것입니다. 그러다 보니 '아, 이런 차원이 있었구나' 하고 감탄하고는 6조 혜능 스님에게 귀의해서 제자가 되어버려 신수 대사에게 돌아가지 않았던 겁니다.

사실은 지성 스님도 몰래 가르침만 배우고 신수 대사에게 돌아가려고 했는데 들켜버렸습니다. 결국 6조 혜능 스님과 만나게 되었지요. 6조 혜능 스님이 지성 스님에게 물었습니다.

"그대의 스승은 대중들에게 어떻게 가르치는가?"

6조 혜능 스님도 신수 대사가 제자들을 어떻게 가르치는지 궁금했을 것입니다. 지성 스님은 스승인 신수 대사에게 배운 대로 "저희 스님께서는 항상 대중에게 당부하시기를, '마음을 머물러서 고요함을 관찰하고 오래 앉아서 눕지 말라'고 하셨습니다"라고 대답했습니다.

지성 스님의 말에 의하면, 신수 대사는 마음을 조용히 머물면서 그 고요해진 마음을 관찰하고 되도록 눕지 말고 수행을 하라고 가르쳤던 것입니다. 신수 대사의 가르침은 참으로 상식적이고 당연한 것이었습니다. 그러나 6조 혜능 스님의 입장에서 보면, 그것은 한 차원 아래단계였지요.

"마음을 머물러서 고요함을 관찰하는 것은 병이지 선정이 아니며, 오래 앉아서 몸을 구속하는 것이 진리에 무슨 도움이 되겠는가?"

이 몸뚱이를 그냥 되도록 오래 앉혀 놓고 좌선하라고 하는 것은 몸뚱이를 구속하려는 것이지 진리에는 큰 도움이 안 된다는 말입니다. 여기서 '마음의 고요함을 관찰하는 것이 병'이라 함은 고요함에 머무르게 되는 것이 결국 나중에 병이 된다는 것을 일깨워 준 말씀입니다. 순간적으로 고요해지는 것은 참으로 좋은 일입니다.

그런데 '아, 이것이 선정의 경지인가 보다' 하고 안주하게 되는데 문제가 있습니다. 참된 선정은 고요함에 있는 것도 아니고 그렇다고 시끄러움에 있는 것도 아닙니다. 고요함과 시끄러움을 다 떠난 곳에 있는 것입니다. 그것을 가르쳐 주기 위해서 혜능 스님은 오래 앉아서 몸을 구속하는 것이 진리에 무슨 도움이 되겠느냐며 반문한 것입니다.

물론 초보자들에게는 오랫동안 앉아 있는 것이 꼭 필요한 일입니다. 앉아서 몸뚱이를 고요히 만들어 놓는 연습부터 해야 합니다. 그러나 요 차원에만 머물면 안 된다는 말입니다.

6조 혜능 스님은 '그러한 것이 진리에 무슨 도움이 되겠는가' 하고 바로 내쳐버립니다. 열심히 앉아 있으려 노력하는 것은 가상하지만, 궁극적으로 오래 앉아 있는 것이 진리에 도움이 되는 것은 아니라고 분명히 밝혔습니다. 혜능 스님의 이 말씀은 당대에 참으로 혁신적인 일입니다. 일반인들은 쉽게 이해가 되지 않을 수도 있습니다.

냥의 수행일기

27

# 부처를 알려거든

## 한 무더기 냄새나는 뼈다귀

6조 혜능 스님은 또 지송 스님에게 게송을 읊으셨습니다.

살아서는 앉아서 눕지 못하고
죽어서는 누워서 앉지 못하네.
한 무더기 냄새나는 뼈다귀로써
어찌하여 공과(功過)를 세우겠는가?

스님들이 집중 수행을 할 때 장좌불와(長坐不臥)라 하여 길게 앉고 누워 자지 않는 수행이 있습니다. 우리나라에도 평생 장좌불와로 수행을 삼은 스님들이 있습니다.

사실 몸은 오온의 냄새나는 무더기에 불과합니다. 이것은 6조 혜능 스님의 오도송과도 관련이 있습니다.

몸은 보리의 나무가 아니고
마음은 명경대가 아니다.
본래 한물건도 없으니
불성은 항상 청정한데 어찌 닦을 게 있겠느냐.

성품의 입장에서는 몸뚱이에 수행의 초점을 맞추어서는 안 된다는 겁니다. 몸뚱이는 허깨비 같은 것입니다. 아무리 잘 먹고 잘 유지해도 한때뿐입니다. 요즘 몸짱·얼짱 등등이 유행처럼 번지고 있습니다. 젊은 날 한때 몸짱·얼짱이지, 10년 후, 20년 후, 50년 후에도 그것을 유지할 수 있을까요? 아무리 열심히 운동하고 아무리 열심히 다이어트해도 세월이 지나면 늙고 병들어 죽습니다.

그런데 요즘 사람들을 보면 건강에 너무 매달리는 것 같습니다. 그렇다고 건강을 소홀히 하라는 것은 아닙니다. 다만 거기에 승부를 걸지는 말라는 말입니다. 삶에 있어서 건강은 필수적인 일이지만, 잘 관리만 해 주면 되지, 너무 애착할 것은 아니라는 겁니다. 몸뚱이와 마음은 마치 물거품과 같고 꿈과 같아서 실체가 없는 것입니다. 인생의 초점을 몸뚱이에 맞추지 말고 성품에 맞추어 살아야 합니다. 그래서 혜능 스님이 계속 자성을 말씀하셨고, 계·정·혜 삼학도 몸뚱이의 입장에서가 아닌 자성, 스스로의 성품자리의 입장에서 다시 세우신 것입니다.

게송에서 보면, 자성이 무심하면 계를 제대로 지킨 것입니다. 한 생각 일으키지만 않으면, 그리고 자성이 걸림 없으면 그것이 지혜 자리인 것입니다. '텅 비어 있다, 그러니까 무엇으로든 바라볼 수 있다'면 지혜의 완성입니다. 지성 선사도 보는 눈이 있고 듣는 귀가 있어서 신수 대사와는 차원이 다르고 격이 다른 혜능 스님의 계 · 정 · 혜 법문을 듣고는 고마워하며 게송을 지어 바쳤습니다.

오온은 허깨비의 몸이니
허깨비가 어찌 궁극의 경지이겠는가?
진여를 거슬러서 향한다면
법은 도리어 청정치 못하네.

지성 스님이 이런 게송을 읊으니까 6조 혜능 스님이 '맞다' '맞다' 하고 인가를 해 주었습니다. 오온(五蘊:色受想行識), 다시 말해서 이 몸과 마음은 허깨비와 같다는 말입니다. 허깨비로는 궁극의 경지를 삼을 수 없다고 하면서 진여 즉 자성자리를 거스른다면 법이 청정하지 않다고 했습니다. 참으로 여여한 바로 그 자리를 뜻하는 진여와 자성 · 자연이 다 일맥상통하는 것입니다. 진여 자리는 항상 그렇게 있는데, 그것을 거슬러서 자꾸 찾으러 다니면 오히려 진여와 멀어지고 법은 청정하지 못하다는 것입니다.

이와 같은 의미를 가진 아주 유명한 게송을 들어봤을 것입니다. 중국 송나라 때 요연(了然) 비구니스님의 오도송(悟道頌)인데 다음과 같습니다.

진일심춘불견춘(盡日尋春不見春)
망혜답파롱두운(芒鞋踏破籠頭雲)
귀래우과매화하(歸來偶過梅花下)
춘재지두이시방(春在枝頭已十方)

하루 종일 봄(春)을 찾았으나,
봄(春)은 찾지 못하고,
이 산 저 산 헤매다가
짚신만 다 떨어졌네!
지쳐서 집으로 돌아와 보니
뜰 모퉁이 매화나무 가지마다
이미 봄(春)이 와 있네!

요연 스님의 호(號)는 지통(志通)이라 하고, 태주(台州) 백련사(白蓮寺)로 출가하여, 20년간 천태교학(天台教學)을 강연(講演)했던 분으로 오도송만 보아도 아주 뛰어난 분이었을 것입니다.

요연 비구니스님이 봄을 찾으러 사방팔방 다녔는데, 아무리 찾아도 봄이 보이지 않는 겁니다. 결국 지쳐서 집으로 돌아왔더니, 울타리에 매화꽃이 확 피어 있었습니다. 그것을 보고 '아! 봄이 여기 있었구나'라고 했겠지요. 마치 이 오도송에서 요연 스님의 탄성이 들리는 듯합니다.

밖으로만 찾아다닐 때는 볼 수가 없고 오히려 집에 돌아오니 보이는 것, 본래자리는 처음부터 내게 있다는 말입니다. 울타리 안에 핀 매화꽃 한 송이가 봄을 알리는 봄의 전령이요, 내 안에 깃든 본래자리를 일깨워 주는 열쇠였습니다.

냥의 수행일기

28

# 분별심을 버려야

## 천진한 마음을 지키는 것이 으뜸가는 정진이다

계 · 정 · 혜 삼학을 신수 대사는 칠불통게 즉 일곱 분의 부처님께서 한결같이 강조하시는 게송, "모든 악을 짓지 말고, 뭇 선을 받들어 행하라. 스스로 그 마음을 깨끗이 하면, 이것이 모든 부처님의 가르침이다"라고 하는 정말 지당하신 말씀을 가르쳤습니다. 이에 반해, 혜능 대사는 심지를 자성에 비유해서 말씀해 주셨습니다.

무비(無非) 시비 없음— 계(戒)
무란(無亂) 혼란 없음— 정(定)
무치(無癡) 어리석음 없음— 혜慧

계 · 정 · 혜 삼학을 따로 세워서 닦을 필요가 없습니다. 스스로의 성품은 본래 완전하기 때문에 보전만 잘하면 계 · 정 · 혜 삼학을 제대로 지키는 것이기 때문입니다.

조선시대 때 청허휴정 대사는 묘향산에서 수행하셨기에 서산 대사라고 했는데, 서산 대사가 지은 《선가귀감(禪家龜鑑)》이라는 책이 있습니다. 이 책은 책 제목에서도 느낄 수 있듯이 팔만대장경과 조사어록에서 핵심만 뽑아서 만든 글로 선과 불교에 대해서 금과옥조 같은 내용이 들어 있습니다. 그중에서 아주 짧으면서도 선불교의 정수를 담고 있는 다음과 같은 글귀를 소개해 드립니다.

"본래 천진한 마음을 지키는 것이 으뜸가는 정진이다."

가슴이 다 시원해지지 않습니까?

계·정·혜를 세워서 수행해야 하는 게 당연하다고 여기는 사람들에게 '본래 천진한 마음을 지키는 것이 으뜸'이라는 말은 충격적이기까지 합니다. 부처님 당시에는 계율이 없었습니다. 그런데 사람들이 출가 수행자로서, 혹은 불제자로서 바람직하지 않은 행위를 했을 때마다 '이런 것을 하면 안 된다', 예를 들어 '살생하지 마라, 도둑질하지 마라, 간음하지 마라, 거짓말하지 마라, 술을 마시지 마라'라고 하면서 추가적으로 하나씩 하나씩 만들어 갔던 것입니다.

따라서 계율이 만들어지기 전이 오히려 더 좋았던 시절이지요. 그런데 자꾸 기본적인 것을 어기는 사람들이 나타나므로 계율이 제정된 것입니다. 그전에 어기는 사람들이 없었을 때는 계율 자체가 없었습니다. 다 잘 살고 있었으므로 계율이 있을 필요가 없었던 것입니다. 그런데 수행공동체였던 교단이 점점 더 커지고 문제를 일으키는 사람들도 여러 명 나타나게 됨으로써 '~~이렇게 하면 안 된다.' 또 하나 어기면 '~~저렇게 하면 안 된다' 하면서 하나 둘씩 수많은 계율이 생기기 시작했습니다.

문제는 어쩔 수 없이 그 계율에 매이게 되는 것입니다. 사람들을 위한 계율이 오히려 사람들을 묶게 되는 것입니다. 사회의 법률도 마찬가지입니다. 처음부터 인류에게 법률이 있었던 것은 아닙니다. 사람들이 모여서 살아가다 보니 자연스레 단체생활을 하게 되고, 조직을 만들게 되고, 그러다 보니 차차 구속할 필요가 생기는 겁니다. 필요에 의해서 법이 생겼는데, 법이 한번 생기고 나면 족쇄처럼 사람들을 묶는 힘이 생기고 자유를 구속하게 되지요. 그래서 진정으로 으뜸가는 정진은 본래 천진한 마음을 지키는 것이라고 한 것입니다. 정말 멋진 표현입니다.

우리의 본래 천진한 마음은 본래 부처이기에 그 마음을 지키는 것이 으뜸가는 정진이라는 혜능 스님의 말씀에 선불교의 정수가 담겨 있습니다. 선불교는 인간에 대한 절대긍정의 사상을 바탕으로 하고 있습니다. 인간은 본래 죄인이 아닙니다. 아니 죄인이 아닐 뿐만 아니라 그대로 본래 부처입니다.

선불교는 성공설(性空說), 성품은 공한 것임을 강조합니다. 본래 인간 스스로의 성품은 완벽합니다. 그 자리는 선인도 악인도 다 수용하는 자리입니다. 그 완벽하고 천진한 성품을 지켜나가기만 하면, 무비 · 무란 · 무치하기만 하면 그대로 부처입니다. 다만 거기에 돌만 안 던지면 잔잔한 호수인데, 자꾸 돌을 던지면서 '어떻게 잔잔하게 만들지?' 하고 고민하는 것이 우리가 늘 하고 있는 중생 놀음입니다.

비유하자면, 봄은 때가 되면 오는 것인데 작위적으로 봄을 오게 하려고 '어떻게 하면 봄을 빨리 오게 하지?' 하면서 온갖 행위를 하고 갖은 애를 씁니다. 하지만 그게 다 쓸데없는 짓이라는 것입니다. 이미 고요한 호수인데, 돌을 던지다가 '이거 어떻게 하면 고요하게 만들지?' 하고 고민하는 것과 같습니다. 가만히 있으면 고요해 지는데 자꾸 던지면서 '어떻게 하면 고요해 지나?' 하고 고민하다가, '조금씩 덜 던지니까 조금씩 고요해지네… 아, 덜 던지면 되는구나' 하는 것과 마찬가지 이치입니다.

자기 마음을 들여다보십시오. 지금 마음이 어디로 향하고 계십니까? 이리 갔다 저리 갔다 사방팔방 돌아다니지 않습니까? 마음은 원래 떠돌아다니는 게 정상입니다. 마음을 묶으려고 하면 절대 안 묶여집니다. 물론 마음을 묶는 수행법이 있습니다. '들숨날숨의 기둥에 마음챙김의 밧줄로 꽁꽁 묶어서 보는' 명상법이 있습니다.

하지만 선(禪)은 이러한 명상법과는 다릅니다. 철저히 성품자리에 초점을 맞췄기 때문에 마음을 억지로 묶는 방법은 쓰지 않습니다. 마음을 묶기도 힘들지만 억지로 묶으려 할 필요도 없습니다. 어차피 마음도 허깨비 같은 것이기 때문입니다. 허깨비와 씨름할 필요가 없다는 말입니다.

어떤 사람이 밤중에 길을 가다가 큰 나무 옆을 지나가는데 오싹 소름이 돋았습니다. 예전에 이 나무에 귀신이 산다는 말을 들었기 때문에 그 생각이 나서 으스스해지고 두려움에 떨었습니다. 귀신이 나타나지 않을까 하고 겁을 내고 있는데 아니나 다를까 뒤에서 싹 잡아당기는 겁니다. 이 사람은 무서워서 정신없이 도망가려 하는데 뒤에서 계속 잡아당겨서 밤새도록 씨름을 한 겁니다.

무섭고 두려워서 뒤도 안 돌아보고 계속 앞으로만 가려는데 잡아당겨서 벌벌 떨면서 동동거리다가 밤을 지새운 것입니다. 날이 밝아져서야 겨우 용기를 내어 뒤를 돌아보니 나뭇가지에 옷이 걸려 있었던 거예요. 얼마나 기가 막힐 노릇입니까? 겁을 먹어서 밤새도록 허깨비 같은 나뭇가지와 싸운 것입니다.

허깨비가 무엇입니까? 바로 실체가 없는 것입니다. 허깨비와 밤새도록 싸워봐야 승부를 낼 수가 없습니다. 몸이나 마음이나 허깨비와 같습니다. 경전에도 계속 "몸과 마음은 물거품, 아지랑이, 허깨비와 같다"는 내용이 나옵니다. 허깨비와 싸운들 세세생생을 거듭해도 승부가 날 수가 없다는 것입니다. 그렇기 때문에 늘 돌이켜 봐야 합니다. 도대체 날 잡은 놈이 무엇인가를 돌이켜서 직면해야 합니다. 즉 자기 성품을 직시해야 합니다.

바다에 떠 있는 빙산에 비유하자면, 빙산이 물 위로 드러난 부분이 있고 물 아래 잠겨 있는 부분이 있습니다. 물 위로 드러난 빙산의 작은 부분은 자기 몸이고, 물 아래 잠겨 있는 많은 부분이 '나라고 하는 생각'이고, 본성(本性)은 바다입니다. 우리의 본성, 본마음은 세찬 파도가 치고 쓰나미가 몰려와도 그때뿐 항상 그 자리에 여여하게 있는 바다와 같다는 것입니다.

흔들리는 마음이 있더라도 그 흔들리는 마음을 지켜볼 수만 있다면, 그 지켜보는 성품자리에 초점을 맞출 수 있다면 강물이든 도랑물이든 흙탕물이든 빗물이든 다 품어주는 바다처럼 이 몸 그대로 본래부처임을 볼 수 있습니다.

냥의 수행일기
29

## 본질은 변치 않는다

물을 얼리면 얼음이 되고,

뜨겁게 가열하면 증기가 되어 보이지 않습니다.

그러나 물이 지닌 성질은 그대로입니다.

변할 수 없지요.

우리도 그렇습니다. 내 안에 이미 부처가 있지요.

그러니 내가 아무리 모양을 바꾸어도 내 본성은 그대로입니다.

변치 않는 물처럼요.

여기 보석은 어떠한 모양이나 용도의 변화가 있어도 보석이 지닌 본질은 변치 않습니다. 우리 깨달음 또한 그렇고 부처라는 존재도 그렇지요.

여기 한 물건이 있는데

본래부터 한없이 밝고 신령스러워

일찍이 나지도 않았고 죽지도 않았다.

이름을 지을 길 없고 모양을 그릴 수도 없다.

-《선가귀감》

4장

# 참선의 핵심 키워드

## 닉네임 사용, 관찰자가 되어 성품을 보라

저는 닉네임(nickname)을 갖는 것을 권장합니다. 절에서는 법명이라 하기도 하고, 수계명이라 하기도 하는데, 보통사람들은 닉네임이라 해야 더 빨리 알아 들을 것 같습니다. 부처님도 닉네임이 있습니다. 경전에 의하면, 부처님이 당신 본인을 지칭할 때 '여래'라고 하셨습니다. '여래는 어제~~~일이 있었다. 여래가 성안으로 들어갔을 때~. 여래는 내일 어디로 갈 것이다…'라는 식으로 여래라고 하셨습니다. '나'라는 말을 쓰지 않은 부처님의 깊은 뜻을 아셨지요?

부처님의 닉네임은 10가지나 됩니다. 여래(如來) 10호〔應供, 正遍知, 明行足, 善逝, 世間解, 無上士, 調御丈夫, 天人師, 佛, 世尊〕. 불(佛)도 여래 10호 중 하나이고, 부처님 스스로가 만든 게 아니라 사람들이 '부처님은 이런 분이다' 하고 만들어 준 것입니다.

부처님이야말로 마땅히 공양 받을 만한 분, 바르게 모두 아시는 분, 지혜와 덕행을 갖춘 분, 깨달음의 세계에 잘 도달한 분, 세간에 대해 잘 아는 분, 위없는 스승, 장부를 잘 이끌어 교화하는 분, 천신과 인간의 스승, 깨달으신 분, 세상에서 가장 존귀한 분입니다.

이렇게 자연스럽게 부처님의 특징을 잡아서 닉네임을 만든 것입니다. 닉네임이 필요한 까닭이 있습니다. 움직이는 마음을 지켜볼 때, '내 마음이 이렇게 움직이는 구나' 하지 말고, '○○○(닉네임) 마음이 이렇게 움직이는 구나'라고 하는 것입니다. '내 마음이 우울하구나' 하지 말고 '○○○(닉네임)이 우울하구나'라고 해 보세요. 그래야 제 3자가 되어 자기를 객관적으로 관찰하고 지켜볼 수 있습니다.

말에는 에너지(힘)가 있습니다. 그래서 말을 어떻게 하느냐에 따라서 마음도 영향을 받게 됩니다. 신(身) · 구(口) · 의(意) 3업(業)이라 해서 몸과 입과 뜻으로 업을 짓는다는 것인데, 말이 몸과 생각의 중간에 있습니다. 말은 다리 역할을 해 주는 것입니다. 그렇기 때문에 말로 내래이션을 잘해 주어야 합니다. 법명이 없는 분들은 법명을 하나씩 받아서 자기 몸과 마음을 관찰할 때 자꾸 닉네임을 써 주십시오. 제 3자가 되어 자기를 보게 되면 정말 느낌이 다를 것입니다. 그것이 바로 성품을 보게 만드는 비결입니다.

'내가 본다' 하면, 벌써 흔들리게 됩니다. 하지만 닉네임을 써서 ○○○가 본다 하면 성품은 안 흔들립니다. ○○○가 흔들리는 것이지, 내 성품이 흔들리는 것이 아닌 것입니다. ○○○의 마음이 움직이는 것이지, 내 성품은 여여부동하게 지켜보고 있다는 것을 느낄 수 있습니다. 이것이 현실생활에서 성품을 닦는 아주 좋은 방법입니다. 여러분들도 일상생활에서 이러한 '관찰자'를 활용해 보시기 바랍니다.

냥의 수행일기

30

## 객관적으로 나를 보면

## 관찰자를 관찰하라

계 · 정 · 혜를 비유해서 다시 설명하자면, 《선가귀감》에 이런 말이 있습니다. "수행의 알맹이는 범부의 생각을 떨어지게 할 뿐, 성인의 알음알이가 따로 있는 것이 아니다."

탐 · 진 · 치 삼독을 쉬면 그 자리가 성품입니다. 앞에서 거론한 빙산의 예를 다시 들어보겠습니다. 빙산이 녹으면 뭐가 되나요? 그대로 바다가 됩니다. 그처럼 그대로 성품자리로 돌아가는 것이지, 높은 경지, 다른 경지가 따로 있는 게 아닙니다.

몸뚱이 착이 쉬고 마음의 분별심이 쉬면 그대로 성품자리인 것입니다. 물통 속에, 컵 속에 들어 있는 흙탕물의 예를 들 수도 있습니다. 흙탕물을 계속 흔들어 주면 계속 흙탕물입니다. 그런데 조금 가만히 놓아 두면 흙이 다 가라앉아서 바닥이 잘 보입니다. 흔들지만 않으면 된다는 것입니다. 새로이 뭘 만들려고 하지 말고 흔들지만 않으면 됩니다. 다시 말해서 '내 마음이 아프구나, 내 마음이 성질나는 구나' 하지 말고, '○○○(닉네임)가 아프구나. ○○○ 마음이 우울해지는 구나' 이렇게 한 템포 떨어져서 강 건너 물 구경하듯이 자기 마음이나 몸을 관찰하십시오. 관찰자가 되어 객관적으로 바라보면 궁극에는 몸과 마음을 잘 관찰하게 되고, 성품을 보게 됩니다.

제가 '행불아카데미'를 열고 있는데, 강의 교재 제목이 바로《관찰자를 관찰하라》입니다. 이것이 참선의 핵심 키워드입니다. '○○○의 몸을 관찰하고 ○○○의 마음을 관찰하는 바로 그 관찰자를 다시 관찰하는 겁니다. 그것이 바로 성품자리에 초점을 맞추는 것입니다. 내 몸과 마음은 아프거나 흔들릴 수 있지만, 관찰자는 아픈 적도 없고 흔들린 적도 없고 간 적도 없고 온 적도 없습니다. 앞의 게송에 금강이라는 말이 나왔습니다.

"늘어나지도 않고 줄어들지도 않음이 스스로의 금강이요, 몸이 가건 몸이 오건 본래 삼매로다"라고 한 것입니다. 이와 같이 성품자리는, 이 몸과 마음을 관찰하는 이 자리는 한 번도 늘어난 적도 없고 줄어든 적도 없습니다. 그리고 간 적도 없고 온 적도 없고 항상 여여부동하게 실지실견(實知實見 : 모두 알고 모두 본다)합니다. 이 관찰자를 관찰하는 것, 그것이 곧 계 · 정 · 혜를 제대로 알고 성품을 보는 연습이 되는 것입니다.

냥의 수행일기

32

# 나를 보려면

다시 눈과
귀를 열면 세상
모든 것이 내
마음에 있어.

## 관찰자 효과로 걱정 근심에서 벗어나라

우리나라가 경제적으로는 부유하지만 행복지수는 세계 103위입니다. 이는 사람들이 걱정 · 근심이 많기 때문입니다. 모든 것이 급변하다 보니 조금만 뒤처져도 불안해하고 안달을 합니다. 가만히 있다가 다른 사람들의 상황이 바뀌면 뒤처진 것 같아서 허둥대는 것입니다.

문제를 해결하려면 먼저 문제 발생의 원인이 무엇인지 알아야 하는 것처럼 걱정과 근심을 없애려면 먼저 걱정 · 근심의 원인을 알아야 합니다. 특히 여러 가지 원인 중에서도 '근본 원인'이 무엇인지 알아야 합니다. 걱정 · 근심의 근본 원인은 애착입니다. '애착'을 다스려야 근본 치유가 됩니다. 요즈음 새롭게 생겨난 '걱정 시간', '걱정 인형'은 미봉책이자 일시적인 치유일 뿐입니다.

대체로 여자가 남자보다 애착이 더 많습니다. 애착이 많으면 여성의 몸을 받는다고도 합니다. 예를 들어, 아이가 밖에 나가 있을 때,

아이에 대한 애착이 많으면 많을수록 걱정을 많이 합니다. 귀가시간이 조금 늦어도 애가 잘못 되었을까 봐 안절부절 못하는 어머니들이 아주 많습니다.

무엇인가 하고자 하는 일이 있거나 집에 소중한 보물단지가 있으면 보물단지에 대한 애착 때문에 도둑이라도 들까 봐 항상 걱정하듯이 애착이 있기 때문에 걱정 · 근심이 생깁니다. 애착이 별로 없는 사람은 시쳇말로 쿨합니다.

그러면 어떻게 걱정 · 근심을 해결할 수 있을까요?

저 같은 경우에도 산중에 있을 때는 공부하고 수행하고 포행이나 하면서 지내니까 걱정 · 근심이 전혀 없었습니다. 그런데 저자거리에 나와 살다보니 점차 걱정 · 근심이 많아졌습니다. 이를테면, 불사를 한다고 공사를 벌이면 공사를 시작하는 그 순간부터 걱정 · 근심이 시작됩니다. 때 되면 공사 대금을 지불해야 하니, 돈이 현실임을 절감하게 됩니다.

물론, 티벳 속담에 "걱정해서 해결 될 일 같으면 걱정할 필요 없고, 걱정해서 해결 안 될 일 같으면 걱정해도 소용없다"고 하는 아주 유명한 속담이 있습니다. 한마디로 걱정할 필요가 없다는 말이지요. 그러나 자금은 없는데 돈을 지불해야 할 날이 닥쳐오거나, 법률에 맞지 않거나 하면 현실적으로 걱정이 되는 게 사실입니다.

결국, 걱정·근심의 뿌리는 애착입니다. '내가 도모하는 일이 잘 안 되면 어떡하나? 내 개인적인 명예가 손상되면 어쩌나…' 하는 것, 자기 자신에 대한 애착 때문에 걱정하는 것입니다.

걱정할 일이 생기면 먼저 걱정하고 있는 자기 자신을 관찰해 보세요. 몸을 관찰하고 마음을 관찰하고 성품을 관찰해 보세요. 이 '관찰자 효과'가 대단합니다. 걱정하고 있는 당사자가 되어서 걱정하고 있으면 걱정이 더 되지만, 제3자가 되어서 걱정 근심하고 있는 자신을 관찰하면 걱정 근심이 줄어듭니다. '아! 내가 걱정하고 있구나…' 하고 객관적으로 관찰함으로써 객관화가 되면 걱정이 현저하게 줄어듭니다.

냥의 수행일기

33

# 수행의 정점

## 자기가 연습한 그대로 받는다

보통 재미 삼아 심심풀이로 오늘의 운세를 보고, 연초에 혹은 답답한 일이 닥칠 때는 점집에 가서 평생 운을 본다는 분들이 아주 많습니다. 그런데 대부분의 점집에서 불교의 상징인 만(卍)자기를 내걸고 있기 때문에 점집과 절을 오해하는 분들의 이야기를 듣고 깜짝 놀랐습니다. 간혹 방편을 쓰는 절도 있는 것 같은데, 부처님께서는 운명론에 매우 비판적인 분이셨고, 점을 보지 말라고 단호하게 말씀하셨습니다. 경전에서는 이렇게 말합니다.

욕지전생사(慾知前生事)
금생수자시(今生受者是)
욕지내생사(慾知來生事)
금생작자시(今生作者是)

전생의 일을 알고 싶으면
금생에 받은 몸과 주변상황을 보면 되고
미래를 알고 싶으면
지금 내가 짓고 있는 행위를 보면 된다.

내가 지금 하고 있는 행위가 내생으로 이어지는 통로입니다. 바로 지금 여기 이 자리에서 어떤 행위를 하느냐가 중요한 것입니다. 축생 같은 짓을 하면 축생이 되고, 고귀하고 거룩한 행을 하면 선신(善神)이 됩니다.

예를 들어, 부처님 당시 말리카 왕비는 원래 꽃동산을 일구는 하녀였습니다. 그런데 어느 날 탁발 나온 수행자를 만나서 기쁜 마음으로 공양을 올렸습니다. 자기의 소유물을 다른 사람과 나누면 기분이 좋기 마련입니다. 그래서 흥겹게 콧노래를 부르고 있었는데, 어떤 남자가 혼자서 지친 모습으로 꽃동산에 온 것을 보고 정성껏 보살펴 주었습니다. 그 사람이 바로 파세나디 왕이었던 것입니다.

착한 마음으로 친절하게 베풀어주면 말리카 왕비처럼 인생 역전이 될 수도 있습니다. 꽃동산의 하녀에서 나눔을 실천하고 하루아침에 왕비라는 최고의 신분이 된 말리카 왕비의 이야기는 신데렐라나 콩쥐팥쥐와는 비교조차 할 수 없이 흥미진진한 재미와 아울러 어떻게 살아야 할지 분명히 일깨워 줍니다.

말리카 왕비는 어느 날 부처님을 찾아와서 여쭈었습니다.

"부처님, 똑같은 사람인데 왜 어떤 사람은 이쁘고 어떤 사람은 추하고, 어떤 사람은 부유하고 어떤 사람은 가난하고, 또 어떤 사람은 고귀하고 어떤 사람은 천합니까?"

즉 미추, 빈부, 귀천에 대해 여쭙자, 부처님께서 말씀하시길, "과거생에 성질을 잘 낸 사람은 추하게 태어나고, 과거생에 베풀기를 싫어하고 인색했던 사람은 가난하게 태어나고, 과거생에 남을 시기질투한 사람은 천박하게 태어난다"고 하셨습니다.

'금생수자시'라, 전생에 행한 대로 내가 이 몸을 받는다, 자기가 마음 연습한 그대로, 행위한 그대로 받는 겁니다. 부처님의 말씀을 듣고 말리카 왕비가 말씀드리길, "그럼 저는 틀림없이 전생에 성질을 잘 냈군요. 그래서 이렇게 추하게 태어났어요"라고 했습니다. 말리카 왕비는 얼굴이 그리 예쁘지 않았다고 합니다.

말리카 왕비는 또 부처님께 말씀드리길, "부처님, 그러나 저는 다행스럽게도 과거생에 베풀기를 좋아하고 남이 잘되는 것을 시기질투하지 않고 찬탄하고 같이 기뻐했기에 이렇게 고귀함과 부유함을 갖추게 되었겠습니다"라고 하였습니다. 이에 부처님께서 "그렇다"고 하셨습니다.

사람들이 좋아하는, 특히 여인들이 좋아하는 미모, 부유함, 고귀함을 다 갖추고 싶지 않습니까? 미인이 되고 싶으면 성질을 내지 말고 방긋방긋 웃으면 됩니다.

부자가 되고 싶으면 인색하게 굴지 말고 베풀면 됩니다. 베풀면 오히려 부자가 됩니다. 그것은 이치로 따져도 잘 알 수 있을 것입니다. 주는 마음은 부유한 마음입니다. 자기가 먼저 부유해집니다. 마음이 먼저요, 현실이 나중이기 때문입니다.

가만히 살펴보면 남이 잘되는 꼴을 못 보는 사람이 아주 많습니다. 오죽하면 "사촌이 논을 사면 배가 아프다"는 속담까지 있겠습니까? 그런데 남이 잘되는 것을 시기 질투하는 마음은 고귀한 마음입니까? 천박한 마음입니까? 천박한 마음입니다. 천박한 마음을 연습하면 천박해지는 겁니다. 내생까지 갈 것도 없습니다. 요즘은 뭐든지 빨라서 금생에 다 받게 되어 있습니다.

불교는 처음부터 끝까지 인과법칙을 일깨워 주는 종교입니다. 불교를 믿는다는 것은 인과를 믿는다는 겁니다. 인과를 믿는다는 것은 나 자신을 믿는 것, 나 자신이야말로 내 인생의 주인공이라는 것을 믿는 겁니다. 내가 짓고 내가 받는다는 것을 믿어야 합니다. 점쟁이를 믿지 말고 자기를 믿어야 합니다.

내 인생, 내가 만들어나가는 것입니다. 나는 내가 창조합니다. 지금 이 모습도 나의 작품일 뿐! 스스로를 창조자라고 믿으면 창조자가 되는 것이고, 점쟁이든 신이든 부처님이든 거기에 목을 매면 종이 됩니다.

그래서 선가(禪家)에서는 "부처님과 조사스님 보기를 원수처럼 해야 한다" "살불살조(殺佛殺祖), 부처를 만나면 부처를 죽이고 조사를 만나면 조사를 죽이라"는 말까지 합니다. 얼핏 말끝에만 떨어지면 매우 살벌하게 들리는 말인데, 본뜻은 매이지 말라는 것입니다.

왜냐하면 우리 모두 다 부처님과 똑같은 자성(自性)을 갖추고 있기 때문입니다. 부처님만 자성을 갖추고 있고 우리는 없는 게 아닙니다. 부처님도 신도 인간도 심지어 축생도 다 자성을 갖추고 있습니다. 그런데 굳이 누구의 종노릇을 할 필요가 있겠습니까?

모두가 삶의 주인공입니다. 자성에 눈뜨면 부처로 살 수 있습니다. 부처 행을 하는 그 순간 이미 부처요, 주인공입니다.

냥의 수행일기

34

# 스스로 존재가 되라

## 굴림을 당할 것인가? 굴릴 것인가?

마음이 미혹하니 법화에 굴리고
마음을 깨달으니 법화를 굴린다.
오래 염송해도 마음을 밝히지 못한다면
이치와는 영원히 원수가 되리라.
-《전등록》

위 내용은 법달 선사에게 전한 6조 혜능 스님의 게송입니다.

아! 감탄사가 나오지 않으십니까? 마음이 미혹하니 법화경에 굴림을 당하고 마음을 깨달으니 이제 내가 법화경을 굴리게 된다는 것입니다. 주객이 전도되는 이 이치, 아니 본래 자리를 찾은 이 이치가 인류에게 얼마나 큰 희망의 메시지인지 모릅니다.

앞에서 말씀드린, 내가 주인공인 삶이어야 합니다! 항상 자기 자신이 주인이 되어야 합니다. 부처님이 되었든 신이 되었든 천하에 뭐가 되었든 그것에 주인공을 맡기고 내가 종노릇을 하기 시작하면 계속 질질 끌려 다녀야 합니다. 점쟁이 말도 믿기 시작하면 계속 끌려 다니다가 패가망신하게 됩니다. 하나 둘씩 점쟁이 말 듣다가 나중에는 부적도 해야 되고 굿도 해야 되고 살살 끌려가다가 파탄에 이릅니다. 그게 종노릇하는 겁니다.

그런데 법화경도 마찬가지라는 것입니다. 법화경이야말로 대승경전의 꽃이요, 부처님의 가르침의 최고봉이라고 합니다. 연꽃 같은 경지, 묘법을 담고 있어서 '묘법연화경'이라고도 합니다. 그럼에도 불구하고 "마음이 미혹하면 법화경에 굴림을 당해 끌려 다니고 마음을 깨달으면 법화를 굴린다"고 했습니다.

이렇듯 법에 대한 집착조차 하지 말고 자기 자신이 주인공으로 살라는 가르침이 바로 불교입니다. 마음이 시원해지지 않습니까? 자신에 대한 절대 긍정이 되는 느낌에 가슴이 벅차오르지 않습니까?

하기야 이러한 점을 버겁게 여기는 사람들도 많은 것 같습니다. 지금까지 잔뜩 움츠린 마음으로 절대자에게 매달리고 비는 데 익숙한 삶이었으니 그럴 만도 합니다. 이해가 됩니다.

그러나 최소한 불교를 신행하겠다는 마음을 가지셨다면 종의 마음은 버리고 주인공이 되는 연습, 또한 자기 자신은 물론이고 법에 대한 집착까지도 버리는 연습을 자꾸 하셔야 합니다.

다음 구절을 보면, '오래 염송해도 마음을 밝히지 못한다면 이치와는 영원히 원수가 되리라'고 했습니다. 이 내용도 참으로 대단하고 파격적이고 진리 자체입니다. 법화경을 아무리 오랫동안 외우고, 쓰고, 사경한다 하더라도 이치를 밝히지 못한다면, 다시 말해 마음을 깨치지 못한다면 다 부질없는 짓이라는 것입니다. 한마디로 끌려 다니는 인생이라는 것이지요. 그야말로 성품을 본 분들만이 할 수 있는 내용인지라 감탄사가 절로 나오고 가슴이 환히 열립니다.

냥의 수행일기

35

# 도를 깨치는 순간

## 아만의 깃발을 꺾는 절 수행

법달(法達) 스님은 중국 홍주(洪州) 사람으로 일곱 살에 출가하여 항상 법화경을 가지고 다니면서 수지 독송한 분으로 아주 유명합니다. 법화경을 3,000독을 해서 법화경에 통달했다 하여 이름도 법달이라 했다고 합니다. 그런데 이 스님이 어느 날 6조 혜능 스님에게 찾아와서 절을 하는데, 머리가 땅에 닿질 않았답니다. 그냥 건성으로 대충 절을 한 겁니다.

이에 6조 혜능 스님께서 질책하시길, "그렇게 머리 숙이기를 싫어하면 뭐 하러 절을 하느냐? 절이라는 것은 아만(我慢)의 깃발을 꺾는 것인데, 어찌하여 머리가 땅에 닿지 않는가? 내[我]가 있으면 죄가 곧 생기고 공명심이 없으면 그 복은 비할 바가 없다"라고 하셨습니다.

요즘에는 절이 건강법의 하나로 소개되기도 합니다. 건강을 위해서 절을 하는 사람들이 많아지는 추세입니다만, 운동 삼아 하는 것은 주객이 전도된 것입니다. 본래 절의 의미는 몸을 낮춤으로써 자기 마음을 낮추는 연습을 하는 일종의 수행법입니다.

자기의 가장 높은 부분이 머리입니다. 이것을 상대방의 가장 낮은 곳에 대면서 상대방을 존경하는 마음으로 해야 하는 것입니다. 자기의 가장 높은 부분을 상대방의 가장 낮은 곳에 갖다 댄다는 것은 그만큼 하심(下心)을 한다는 말입니다. 나를 낮추고 하심하는 연습, '나 잘났다' 하는 아만을 꺾는 연습을 하는 것이 절입니다.

그런데 법달 스님이 대충 머리도 땅에 닿지 않게 하는 것을 보고, 6조 혜능 스님이 절의 본뜻을 지적하신 겁니다.

6조 혜능 스님이 법달 스님에게 묻습니다.

"그대가 필시 마음속에 뭐가 하나(아만심) 들어 있는 모양인데, 지금까지 무엇을 공부했는가?"

"저는 이름이 법달인데, 법화경을 수없이 많이 외웠습니다."

이에, 6조 혜능 스님이 말씀하십니다.

"그래? 그대가 그렇게 법화경을 많이 읽었다고 하는데, 읽기는 많이 읽었는지 몰라도 이치는 통달하지 못한 것 같구나. 그대는 지금 이름이 법달이건만 부지런히 염송하면서 쉬지를 않는구나. 헛되이 염송하면 소리만 따르는 것, 마음을 밝혀야만 보살이라 칭할 수 있다네."

법화경의 정신을 진정으로 살려야 한다는 말씀, 그래야 비로소 법화경을 굴릴 수 있다는 말씀입니다. '법화경을 몇 천 독을 했네'라는 상을 가지면 안 하니만 못하다는 것입니다. 그렇게 '얼마를 했네' 하는 마음을 갖는 것 자체가 또 하나의 상(相)이 되어 버립니다. 꼭 법화경뿐만 아니라 금강경 독송이든 절 수행, 참선 수행이든 마찬가지입니다.

불자들 가운데, 절을 삼천 배 한 것을 자랑삼아 얘기하는 분들을 많이 봤습니다. 삼천 배를 열 번 했다, 스무 번 했다, 한 달에 한 번씩 삼천 배를 한다고 하면서 다른 사람들에게 내세우는 것은 다 상입니다. 잘못된 상을 가지고 있으면 아예 안 한 사람보다 못할 수도 있습니다. 왜냐하면, 기존의 아상에다 그 상이 하나 더 생기면 그런 것은 안 하느니만 못한 경우도 생긴다는 말입니다. 그렇다고 하지 말라는 게 아니라 거기에 매여서는 안 된다는 것입니다.

냥의 수행일기

36

# 풍선이 터지면

## 부처님이 이 세상에 오신 뜻

6조 혜능 스님이 법달에게 이르시길, "그대가 법화경을 읽었는지는 몰라도 마음에 대해서는 아직 통달하지 못했구나. 어디 내 앞에서 한번 읽어 보라"고 하셨습니다. 6조 혜능 스님은 글을 모르기 때문에 읽어 보라고 한 것입니다. 그때 법달이 읽는 것도 아니고 줄줄 통째로 외웠다고 합니다. 그것을 어느 정도 듣다가 6조 혜능 스님이 '됐다'고 하시면서 법달에게 "법화경의 이치는 하나다. 불지견(佛知見)을 개(開)·시(示)·오(悟)·입(入)하는 것이다"라고 말해 줍니다.

부처님이 일대사인연으로 이 세상에 오신 까닭을 밝힌 것이 법화경의 취지입니다. 부처님께서 왜 우리에게 오셨는지 아십니까? 단 한 가지 목적, 바로 불지견을 개시오입하는 것입니다. 부처님의 지견, 내가 본래 부처라는 생각을 열어주고 가리켜 주고 깨닫게 해서 들어오게 하는 목적으로 오셨습니다.

'나는 죄인이 아니다. 나는 중생이 아니다. 나는 본래 부처다'라는 견해가 불지견입니다. 불지견의 반대는 중생지견입니다. 중생이라는 견해에서 한 걸음 더 나아가 죄인이라고 생각하는 것입니다. 전 세계적으로 인간은 본래 죄인이라는 원죄설에 매인 사람들이 얼마나 많습니까?

그러나 선禪에서는 이러한 견해가 전도몽상임을 확실하게 일깨워줍니다. 선은 절대긍정사상을 바탕으로 해서 불지견을 개시오입, 즉 열어 보이고 깨쳐 들어가게 합니다. 바로 그러한 이유 때문에 부처님께서 이 세상에 오신 것입니다.

법화경에는 불지견에 대한 얘기를 먼저 거론한 다음 모든 사람에게 수기를 다 내려줍니다. "너는 이 다음에 부처가 된다. ~부처가 된다" 하고 모든 사람에게 다 수기를 주는 겁니다.

그것이 어떻게 가능할까요? 모든 중생이 본래 부처이기 때문에 부처가 된다는 것입니다. 그리고 부처님께서는 항상 스스로를 "나는 모든 중생들의 아버지다. 나는 너희들의 아버지다"라고 하십니다. 법화경 제 4 신해품의 '장자궁자의 비유'에서처럼 부처님이 스스로 아버지라고 지칭하는 장면이 여러 번 나옵니다.

그래서 법화경을 읽다 보면 자연스럽게 '부처님 아버지, 관세음 어머니'라는 말이 나옵니다. 저절로 이 말이 안 나오는 사람은 법화경을 제대로 읽지 않았다 해도 과언이 아닙니다.

법화경에는 항상 부처님께서 "나는 모든 중생들의 아버지로서…" 하는 구절이 계속 나옵니다. 그러니까 법화경을 읽다 보면 '부처님 아버지', 또 우리 어머니처럼 따뜻한 '관세음 어머니'라는 말이 저절로 나오는 것입니다. 이렇게 아버지와 어머니가 같으므로 우리는 모두 형제자매인 것입니다.

그래서 저는 법화경을 독송할 때는 "부처님 아버지 감사합니다. 관세음 어머니 법륜을 굴리겠습니다. 부처님 아버지, 관세음 어머니, 형제자매들과 함께 행불하겠습니다"라는 서원을 항상 하고 있습니다. 그게 바로 법화사상입니다. 불지견은 우리가 본래 부처님의 아들이자 딸이라는 말입니다. "우리는 본래 부처다"라는 말을 믿어야 되는데 잘 안 믿기 때문에 한 걸음 물러나서 부처님의 아들딸이라고 한 것입니다. 이 정도는 믿어야 불지견이 열리는 것입니다.

부처님의 아들딸이 나중에 뭐가 되겠습니까? 부처님이 되어 부처님의 가문을 잇는 겁니다. 아직은 내가 불안정해 보이고 탐·진·치 삼독에 찌들어 있는 것 같아도 '본래 나는 부처님의 아들, 딸이다. 이 다음에 크면 부처 된다'는 것이 아주 당연한 이치입니다. 부처 되기가 어려운 것이 아니고 시간문제라는 겁니다.

냥의 수행일기

37

# 이미 부처인데

## 아이가 어른이 되듯이, 불자(佛子)가 불(佛)이 된다

6조 혜능 스님이 법달 스님에게 불지견을 열어야 한다는 것을 가르쳐 준 것처럼 우리는 본래부처라는 지견이 열려야 합니다. 이것이야말로 법화경의 핵심입니다. 자기가 본래부처라는 것을 모르고서는 법화경을 수없이 읽고 외우고 써도 다 소용없습니다.

간혹 제 말을 듣고 '뜻만 제대로 알면 읽고 외우지 않아도 되는지?' 하는 질문을 하는 분들이 있습니다. 물론 뜻을 제대로 아는 게 중요합니다. 하지만 그렇다고 해서 전혀 읽고 외우고 쓰지 말라는 것은 아닙니다. 알고 하는 것과 모르고 하는 것의 차이가 매우 중요하고, 하지 말라는 게 아니라 알면서 실천하면 그 효과가 훨씬 더 크다는 것을 강조하는 것입니다.

법달은 6조 혜능 스님의 말을 듣고 깨우쳤으나, 그 이후에도 경전 외우기를 쉬지 않았다고 합니다. 똑같이 외우는 것 같지만, 불지견을 가지고 외우는 것과 중생지견을 가지고 외우는 것은 천지 차이가 있습니다. 입각처가 다르기 때문입니다.

먼저 중생지견을 갖고 법화경을 읽고 외우는 예를 들어보겠습니다. '내가 중생인데, 법화경을 열심히 읽고 외우면 좋은 일이 생긴다고 하니, 집안에 좋은 일이 생기고 신통이 생긴다고 하니 열심히 해야겠다'는 마음가짐으로 하면 중생지견입니다.

그런데 '내게 다 갖춰져 있다. 청정한 자성이 원만하게 구족되어 있으니 더 이상 밖으로 찾을 것 없이 지키기만 하면 된다. 내 자성을 지키기 위해서 법화경을 읽고 외우는 것이지, 더 이상 무엇인가를 얻기 위해서 읽고 외우는 게 아니다'라는 마음가짐으로 하면 불지견인 것입니다.

생각해 보십시오. 무엇인가 밖에서 구한다는 것은 헐떡이는 겁니다. 재물이든 명예든 밖에서 구한다는 것은 아직 불지견이 열리지 않은 것입니다. 부처님에게 없는 게 뭐가 있겠습니까? 무엇이든 모든 것을 다 갖추신 분이 부처님입니다. 이러한 부처님의 성품이 우리 모두에게 본래 갖춰져 있다는 것을 알면 굳이 헐떡이면서 밖에서 구할 일이 없는 겁니다.

물론 그렇다고 해서 오는 일을 거절할 필요도 없습니다. 모든 것이 자연스럽게, 스스로 그러하게, 굴러가게 살아가는 것이 성품자리에 입각한 삶이요, 불지견이 열린 삶입니다. 불지견이 열리면 더 이상 밖에서 뭔가를 찾으려 헐떡거리지 않고 대자유인으로 살아갈 수 있습니다.

'법화를 굴린다'는 것은 법화경을 적재적소에 쓸 수 있는 경지가 되는 것입니다. 사람들이 필요로 할 때 법화경의 가르침을 가르쳐 주고, 자기 마음자리도 법화경의 말씀을 응용해서 다스리면서 살아가는 겁니다.

혜능 스님께서는 입으로만 염송을 하면 앵무새가 사람들의 말을 그대로 따라하는 것과 뭐가 다르냐고 하시면서 법화경을 읽든 금강경을 외우든 좌선을 하든 초점을 자성·성품·불지견에 두어야 한다고 강조하십니다. 근본을 잡아내야 합니다. 법화경을 수천 독 하고 수만 번 사경한다 해도 가르침의 핵심을 잡아내서 자기 것으로 하지 못하면 부질없는 짓이라는 말씀이십니다.

'우리가 본래부처다'라는 것을 못 믿겠으면 '부처님의 아들·딸'이라는 것은 믿어야 합니다. 그것만 믿어도 아이가 어른이 되듯이 불자(佛子)가 불(佛)이 되는 것입니다.

냥의 수행일기

38

# 비움이 채움

## 로히니 공주의 일화에서
## 과거와 미래에 이어지는 오늘을 본다

부처님 당시 로히니 공주의 이야기도 시사하는 바가 큽니다. 부처님의 10대 제자 가운데 천안제일(天眼第一)로 유명한 아누룻다 존자는 부처님의 사촌동생이기도 합니다. 부처님을 따라서 출가한 아누룻다 존자는 어느 날 카필라 성을 방문하여 석가 족이 세운 니그로다라마 사원에 머물고 있었습니다.

이때 아누룻다 존자의 친지들이 존자를 찾아와 공양을 올리고 법문을 들었는데, 여동생인 로히니 공주의 얼굴이 보이지 않았습니다. 로히니 공주가 왜 오지 않는지를 물어보았더니 "공주는 심한 피부병을 앓고 있어서 밖에 다니지 못하고 자기 방에 갇혀 지내는 신세가 되었기 때문"이라는 것이었습니다.

얼굴이 아주 아름다웠던 로히니 공주가 그런 몹쓸 병에 걸린 것이 안타까워 아누룻다 존자가 로히니 공주를 찾아가 말했습니다.

"네가 그 병에서 벗어나려면 공덕을 지어야 한다."

로히니 공주는 "부끄러워서 바깥출입도 할 수 없는 제가 어떻게 공덕을 지을 수 있겠어요?"라고 되물었습니다.

"마침 내가 머물고 있는 니그로다 라마 사원에 공양간이 없다. 네가 시주를 해서 공양간을 짓는 게 좋겠구나."

로히니 공주는 지니고 있던 패물을 팔아서 여러 스님들과 신도들이 함께 공양을 할 수 있는 공양간을 짓기 시작했습니다. 아누룻다 존자는 로히니 공주에게 한 가지 더 주문을 했습니다. 공양간을 짓는 동안에 몸소 사원에 와서 화장실, 마당, 공양간을 청소하라고 지시했던 것입니다. 어릴 적부터 사이좋게 지내던 친오빠인데다 온 나라 사람들이 존경하는 큰스님의 말씀인지라 로히니 공주는 아누룻다 존자의 말씀대로 날마다 사원에 와서 청소를 했습니다.

그런데 신기하게도 공양간이 다 지어질 무렵 로히니 공주의 병이 씻은 듯이 나았습니다. 밖에 다니지도 못할 정도로 극심했던 병이 다 나았으니 공주의 기쁨은 말로 표현할 수 없었겠지요.

마침내 공양간 준공식 날 여러 사람이 모였습니다. 부처님도 준공식에 참석하셔서 그간의 노고를 치하해 주셨습니다. 부처님께서 특별히 로히니 공주를 부르셨습니다.

"그대가 왜 피부병으로 고생한 줄 아는가?"

모르겠다는 로히니 공주에게 부처님께서는 '질투와 분노심 때문'이라고 말씀해 주셨습니다.

"저는 질투하고 분노한 적이 없는데요"라고 반문하는 공주에게, 금생에는 그런 일이 없었지만, 과거생에 질투심으로 분노를 일으키고 악행을 지은 전생 이야기를 해 주셨습니다.

로히니 공주는 과거생에 왕비로서 왕의 총애를 받았습니다. 그런데 왕이 그 당시 나라에서 춤 잘 추고 예쁘기로 유명한 무희에게 한눈을 팔았습니다. 왕이 이 아름다운 무희를 너무 좋아하니 왕비가 질투심이 불타오른 겁니다. 더군다나 어느 날 밤 왕이 자기의 처소에 오지 않자, '무희 때문에 내 남편이 내게 오질 않았구나…' 하는 극심한 질투심과 그로 인한 분노로 잠을 못 이룰 지경이 되었습니다.

어느 날 왕비는 무희를 불러서 '까완초' 가루라고 조금만 뿌려도 극심한 가려움증을 유발시키는 독가루를 무희의 얼굴에 확 뿌렸습니다. 게다가 시녀들을 시켜서 무희의 방과 침상에까지 골고루 다 뿌려 놓았습니다. 그리하여 얼굴은 물론이고 온 몸에 발진이 생겼습니다. 그 가려움 때문에 마구 긁어서 무희의 온 몸이 상처투성이가 된 것입니다.

이렇듯 로히니 공주는 과거생에 질투와 분노로 악행을 저지른 과

보를 금생에 받게 되었고, 공덕을 지은 덕분에 병이 나았습니다. 이와 같이 전생에 지은 과보가 이생에 나타나는 경우도 많고 이생에 지은 공덕으로 이생에 바로 결과가 나타날 수도 있고 다음생에 나타나는 경우도 많습니다.

일설에는 문둥병이라고도 하는 극심한 피부병이 공양간 불사 공덕으로 말끔히 낫는 일을 겪고, 또 그 일이 전생에 지은 악업임을 알게 된 로히니 공주가 평생 동안 얼마나 많은 공덕을 지었겠는지 불을 보듯 훤히 알 수 있을 것입니다.

그리하여 로히니 공주는 죽은 다음 천상에 태어났는데 아주 예쁜 천녀로 태어났답니다. 너무 예뻐서 로히니 공주를 서로 자기 부인으로 삼으려고 사대천왕이 심하게 다투었다고 합니다. 힘이 막상막하인지라 우열을 가리지 못해 천신들이 도저히 안 되겠다 싶어서 제석천왕에게 로히니 공주를 데려갔습니다. 그런데 제석천왕도 보자마자 반해서 결국 제석천왕의 부인이 되었다고 합니다.

로히니 공주의 일화에는 삼세인과설이 그대로 녹아 있습니다. 마치 옛날이야기처럼 들리는 로히니 공주는 역사 속의 실존인물입니다. 다음생에 제석천왕의 왕비가 되었다는 내용은 조금 황당해 보일 수도 있겠지만, 인연법과 삼세인과설의 초과학적인 보이지 않는 세계가 증명되고 있는 오늘날엔 믿음이 갑니다.

우리들이 바로 지금 이 자리에서 행하는 하나하나의 일들이 머나먼 과거와 이어지고 현재의 삶과 오지 않은 미래에도 영향을 미친다는 자각 속에 살아간다면 훨씬 더 보람되고 알차게 보내리라 봅니다. 참으로 부처님의 삼세를 보신 혜안과 대자비행에 감읍할 따름입니다.

냥의 수행일기

39

# 세상을 움직이는 것

## 석가도 아직 모르는데 가섭이 어찌 전하랴

임진왜란 하면 바로 떠오르는 사명 대사의 스승이 청허휴정(1520~1634) 선사입니다. 청허휴정 선사는 말년에 묘향산에서 오랫동안 머물며 수행하시고 교화를 펴셨다고 해서 서산 대사(西山大師)로 더 유명합니다.

아홉 살 어린 나이에 어머니가 돌아가시고 이듬해 봄에 아버지도 돌아가시자 안주 목사 이사증(李思曾)의 양자가 되었습니다. 12세 때 성균관에 들어가 15세 때 과거를 보았으나 낙방하고 지리산의 화엄동(華嚴洞)·청학동(靑鶴洞)·칠불동(七佛洞) 등을 유람하였습니다.

그 후 숭인 장로(崇仁長老)의 권유로 불교를 공부하기 시작했고, 여러 종류의 불교 서적을 읽으면서 깨달은 바 있어 1540년(중종 35)에 쌍계사 일선(一禪) 스님에게 구족계를 받았습니다. 그뒤 부용영관(芙蓉靈觀)으로부터 인정을 받은 후 전국을 떠돌아다니며 공부에만 전

념했습니다. 1549년(명종 4) 승과에 합격, 선교양종판사(禪敎兩宗判事)에 올랐습니다. 1556년 선교양종판사직이 승려의 본분이 아니라고 생각하고 금강산·태백산·오대산·묘향산 등지를 만행하면서 선수행과 교화에 힘쓴 분입니다.

1592년 임진왜란이 일어나자마자 선조의 부탁을 받아 전국에 연락해서 의승군(義僧軍)의 역할을 호소했습니다. 순안 법흥사(法興寺)에서 문도 1,500명으로 승군을 조직하여, 여러 전쟁터에서 혁혁한 전공을 세웠습니다.

선조가 자신을 팔도십육종도총섭(八道十六宗都摠攝)에 임명하자, 나이가 많다는 이유를 들어 이를 제자인 사명 대사 유정(惟政)에게 물려주고 묘향산으로 돌아갔습니다. 서산 대사는 선조로부터 국일도 대선사 선교도총섭 부종수교 보제등계존자(國一都大禪師禪敎都摠攝扶宗樹敎普濟登階尊者)라는 이름으로 정2품 당상관의 작위를 받았습니다.

1604년 1월 묘향산 원적암(圓寂庵)에서 앉은 채로 입적하신, 조선시대는 물론이고 우리 역사상 손꼽히는 큰스님입니다.

특히 서산 대사가 경전과 선서 등 50여 종의 책에서 불교의 핵심내용을 가려 뽑고 주석과 해설을 붙여 찬술하신 《선가귀감》은 교리는 물론이고 선·염불 등 실천 수행법에 대해서도 잘 표현해 놓은 책입니다. 저도 《선가귀감》을 강의하기 위한 교재를 한 권 펴냈습니다. 제목이 《할! 바람도 없는데 물결이 일어났도다》입니다. '할'은 선사들이 법상에서 사람들의 분별심을 끊어주기 위해, 말이나 글로 나타낼 수 없는 불교의 이치를 나타내 보이는 소리입니다. 선승(禪僧)들이 법거량을 할 때 상대방의 어리석음을 꾸짖는 소리로 더 잘 알려져 있습니다.

이 선사 대사가 찬술한 《선가귀감》의 첫 시작이 바로 6조 혜능 스님의 게송입니다.

여기 한 물건이 있는데
본래부터 한없이 밝고 신령스러워
일찍이 나지도 않았고 죽지도 않았다.
이름을 지을 길 없고 모양을 그릴 수도 없다.

참으로 멋진 표현입니다. 우리가 지금까지 얘기한 성품, 자성자리를 딱 짚어주는 말입니다. 서산 대사가 이 게송의 주석을 어떻게 했는지 궁금하시죠?

'한 물건이란 무엇인가?' 하고는 동그라미 하나 그려놓고,

고불미생전(古佛未生前)
응연일상원(凝然一相圓)
석가유미회(釋迦猶未會)
가섭기능전(迦葉豈能傳)

옛 부처님 나기 전
의젓한 동그라미
석가도 아직 모르는데
가섭이 어찌 전하랴.

위와 같은 주석을 달았는데, 그야말로 선가의 활발발한 가풍이 드러나는 말입니다.

앞에서도 말했지만, "선가에서는 부처님과 조사스님 보기를 원수처럼 하라"고 합니다. 그런데 이 말을 잘 이해해야 됩니다. 진짜 원수가 되어 해코지를 한다든가 하는 사람은 없겠지요? 이 말씀은 한마디로 진실하게 자기 마음을 닦는 사람은 결코 밖에서 주인을 찾아서는 안 된다는 말입니다. 이 동그라미 하나는 누구나 갖추고 있기 때문에 따로 전할 수가 없는 것입니다.

"석가도 아직 모르는데 가섭이 어찌 전하랴"는 이 말씀도 상당히 의미심장합니다. 여기에서, 석가는 바로 석가모니 부처님이고, 가섭은 첫 번째 조사스님입니다. 석가모니 부처님의 가르침을 최초로 전해 받은 가섭존자, 그 다음 아난존자 등등 33명의 조사스님들에게 법맥이 이어집니다. 6조 혜능 스님도 거기에 들어 있는 겁니다.

그런데 그렇듯 훌륭하신 "부처님과 조사스님 보기를 원수처럼 하라"고 합니다. 이런 말은 정말 불교가 아니면, 선불교가 아니면, 하기 힘든 말입니다. 그 어떤 종교에서 자기가 신봉하는 종교의 교주를 '원수처럼 보라'는 말을 할 수가 있겠습니까? 지금까지 이웃종교에서는 전혀 못 들어 보셨지요?

부처님은 지혜롭고 자비롭기가 말로 표현할 수 없을 정도입니다. 부처님이, 조사스님들이 그렇듯 극단적인 표현까지 한 것은 이 세상 모든 중생에게 '자기 자신이야말로 자신의 주인이다. 그 어떤 주인이 따로 있겠느냐'라는 것을 뼛속 깊이 확신하고, 용기백배해져서 자기 삶의 주인으로 살아갈 수 있도록 독려해 주는 말씀입니다.

냥의 수행일기

40

# 본래 내 것

학의 다리는 길고 오리의 다리는 짧으며

소나무는 곧고 가시나무는 굽었다.

이런 모양이 원래 참다운 모양이니

소부처와 말부처, 남자부처, 여자부처가

서로서로 빌리지 않고도

각자 즐거움을 누리고 있다.

-《선가귀감》

5장

# 프레임에서 벗어나라

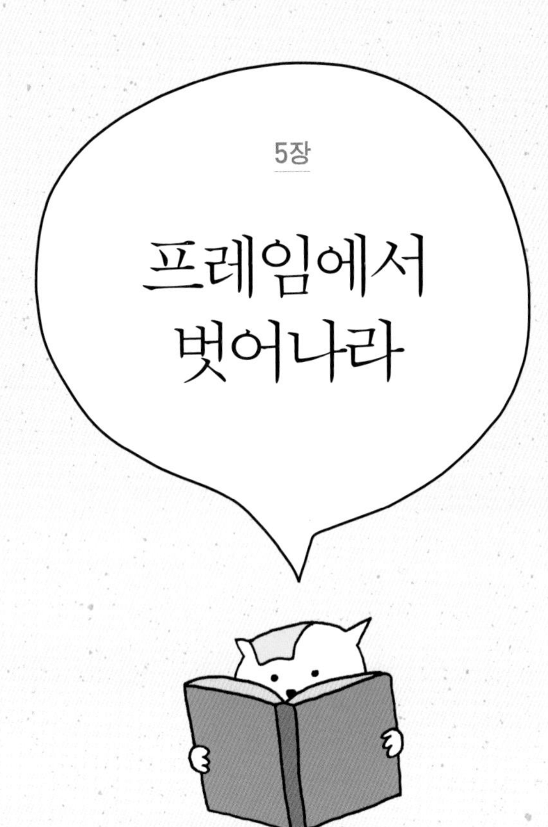

## 기왓장 갈아서 거울 만들기

남악회양* 스님과 마조도일** 스님의 아주 유명한 일화가 있습니다.

마조도일 스님이 남악회양 스님의 회상에서 좌선 수행을 할 때의 일입니다. 오로지 깨닫겠다는 일념으로 좌선을 하고 있는 마조도일 스님을 보고 어느 날 남악회양 스님이 넌지시 물었습니다.

"좌선을 해서 무엇을 얻고자 하느냐?"

"성불하려고 합니다."

거침없이 당당하게 부처가 되기 위해 좌선을 하고 있다는 마조도일 스님의 말을 듣자마자 남악회양 스님은 옆에 있던 기왓장 한 조각을 주워 들고는 마조도일 스님 옆에서 바위에 대고 갈기 시작했습

---

* 남악회양(677~744) : 중국 당나라의 선승으로 6조 혜능 문하에서 수도한 뒤 대오(大悟)하였다.

* 마조도일(709~788) : 중국 당나라의 선승으로 6조 혜능 제자인 남악회양의 법맥을 이었다.

니다. 한참 동안 몰입해서 좌선을 하던 마조도일 스님도 스승의 기이한 행동을 더 이상 참지 못하고 여쭈었습니다.

"스님! 기왓장을 왜 갈고 계시는지요?"

"갈아서 거울을 만들려고 한다."

스승의 대답에 마조도일은 어처구니가 없었습니다.

"아니, 스님, 도대체 기와를 갈아서 어떻게 거울을 만드신다는 말입니까?"

이 말이 끝나기도 무섭게 남악회양 스님은 조금도 틈을 주지 않고 세차게 쏘아 붙였습니다.

"기와를 갈아서 거울을 만들 수 없는데, 하물며 홀로 좌선을 하여 어떻게 부처를 이루겠다는 말이냐?"

남악회양 스님의 이 말씀에 마조도일 스님이 환히 열렸습니다.

'기왓장을 갈아서 어떻게 거울을 만들 수 있겠는가'라고 일깨워준 것과 같은 의미로, '수행을 통해서 깨달음을 얻겠다'는 것은 그릇된 생각입니다. 왜냐하면, 우리 모두 본래부처이기 때문입니다.

냥의 수행일기

41

# 부처가 부처되길 바라는 기도

## 신회가 서자 되고 회양이 적자 되다

6조 혜능 스님이 대중들에게 물었습니다.

"나에게 한 물건이 있는데, 이름도 없고 모양도 없다. 너희들은 알겠느냐?"

이 질문이 선가(禪家)의 아주 유명한 말씀입니다.

"모든 부처님의 근본이요, 신회의 불성입니다"라고 대답한 신회는 6조 혜능 스님의 서자가 되었습니다.

6조 혜능 스님이 '이름도 없고 모양도 없다'고 했는데, 거기에다가 신회는 '모든 부처님의 근본이요, 신회의 불성'이라는 말을 붙였습니다. 그래서 "너는 제대로 된 적자가 아니라 저 옆구리로 빠져나간 반 개다"라고 힐책을 받은 것입니다. 이제 신회가 왜 6조 혜능 스님의 적자가 아닌 서자가 되었는지 그 까닭을 아시겠지요?

또한 남악회양 선사가 6조 혜능 스님을 처음 찾아뵈었을 때도 이렇게 물었습니다.

"어떤 물건이 이렇게 왔는가?"

남악회양 선사가 쩔쩔매며 대답을 못하고 그 뒤로 8년 동안 공부를 했습니다. '도대체 뭐라고 대답해야 하나. 이 한 물건이 어떤 물건인가?' 하면서… 궁리하다가, 8년 만에 "설사 한 물건이라 해도 맞지 않습니다(設似一物 卽不中)"라고 대답하였습니다. 이에 6조 혜능 스님이 끄덕이며, 남악회양 선사를 적자로 인정하셨습니다.

이러한 선가에서 내려오는 선사들의 공부 일화가 《선가귀감》에 일목요연하게 나와 있습니다.

"한 물건이 무엇인가?"

이것이 바로 "이 뭣고, 시심마(是甚麽), 이것이 무엇이냐?" 화두의 원형입니다. 요즘에도 출가·재가를 막론하고 '과연 이것이 무엇인가' 하고 화두를 관할 때 이 뭣고를 많이 씁니다.

신회는 "모든 부처님의 근본이요, 신회의 불성입니다"라고 답해서 서자를 면치 못했고, 남악회양은 "설사 한 물건이라 해도 맞지 않습니다"라고 답하여 적자가 되었습니다. 이 두 분의 일화에서도 엿볼 수 있듯 6조 혜능 스님은 성품의 차원에서 깨우쳐 주십니다. '너는 원래 완벽하다.' '누구나 다 성품을 갖고 있다'는 것을 일깨워 자꾸자꾸 중생지견에서 불지견으로 끌어 올려주시는 것입니다.

냥의 수행일기

42

# 죽비일까? 대나무일까?

## 학의 다리는 길고 오리의 다리는 짧다

《선가귀감》에 이런 글이 있습니다.

학의 다리는 길고 오리의 다리는 짧으며
소나무는 곧고 가시나무는 굽었다.
이런 모양이 원래 참다운 모양이니
소부처와 말부처, 남자부처, 여자부처가
서로서로 빌리지 않고도
각자 즐거움을 누리고 있다.
-《선가귀감》

우리는 '부처'라고 하면, 불상 · 부처님만 생각합니다. 그런데《선가귀감》의 "소부처, 말부처, 남자부처, 여자부처, 모든 것 두두물물이 진리 아닌 게 없다"는 내용에서 마음이 환히 열리는 전율이 일지 않습니까?

이러한 내용이 《선가귀감》에 많이 나옵니다. 우리가 보통 선에 대한 이야기를 나눌 때 중국 선과 중국 선사들에 대한 말을 많이 하는데, 사실은 우리나라에도 서산 대사의 말처럼 이렇듯 멋진 표현을 해 놓으신 분들이 많습니다.

참선에 관심을 갖고 있는 분들은 선가귀감을 필수적으로 봅니다. 선가귀감은 제목처럼 선공부의 교과서라고 할 수 있는데, 선뿐만 아니라 염불, 진언 등 불교 수행 전반에 대해 다루고 있으며 교학에 대한 내용도 담고 있고, 말미에는 선에만 치우치고 계율과 교학을 무시하는 풍토에 대해서도 비판하고 있습니다.

중국 · 대장경에 우리나라 스님들이 쓴 책이 단 세 권 수록되어 있는데 《선가귀감》이 바로 그 중의 하나인 것만 봐도 이 책의 중요성을 알 수 있습니다.

실로 바람 앞의 등불처럼 사그라져 가는 조선불교를 중흥시키고, 임진왜란 때는 의승병들로 하여금 구도열을 구국혼으로 승화시켜 패망 직전의 나라를 살리는 데 큰 공을 세운 우리 역사상 첫손에 꼽을 수 있는 서산 대사의 시, 그 뜻을 음미하며 삶의 거울로 삼으셔도 좋을 것 같습니다.

답설야중거(踏雪野中去)

불수호란행(不須胡亂行)

금일아행적(今日我行跡)

수작후인정(遂作後人程)

눈 덮인 들판을 밟아 갈 때에도

모름지기 그 발걸음을 어지럽게 하지 말라.

오늘 내가 걸어간 발자취가

마침내 뒷사람의 이정표가 되리라.

- 서산 대사

냥의 수행일기

43

# 물을 반으로 나눠봐

## 어떤 물건이 이렇게 왔는가

마음 땅은 온갖 종자를 품었으니
비록 만나면 모두 다 싹을 틔우네.
삼매의 꽃은 모양이 없거늘
무엇이 무너지고 무엇을 이루겠는가.
-《전등록》

요즈음 이천행불선원 도량에서 봄을 만끽하고 있습니다. 개구리울음소리를 들으며 감탄사와 함께 '법문 참 잘 들었다!'라는 말이 저절로 나왔습니다. 참으로 세월이 흐를수록 두두물물 산하대지가 묘하고도 묘한 법을 설한다는 것이 가슴에 와 닿습니다. 위의 게송은 남악회양 선사와 마조도일 선사의 대화에서 나온 것입니다.

남악회양 선사는 15세에 형주 옥천사에서 홍경 율사를 은사로 스님이 되었습니다. 그 후 8년 동안 정진하였는데, 어느 날 율장(律藏)을 익히다가 하루는 혼잣말로 탄식했습니다.

"출가한 이는 무위(無爲)의 법을 배워야 하는데…."

이를 옆에서 지켜본 도반 탄연(坦然) 스님이 당시에 유명했던 숭산의 혜안 스님에게 배우러 갈 것을 권유하였습니다. 그 말을 듣고 혜안 스님을 찾아갔으나, 남악회양 선사의 그릇을 알아보고 그 근기(그릇크기)에 놀라서 6조 혜능 스님의 도력이 높으니 그곳으로 찾아가 보라고 하였습니다. 앞에서도 이 두 분의 첫 만남의 일화는 잠깐 언급했는데, 이에 남악회양 선사가 다시 조계산으로 가서 6조 혜능 스님께 참배하니 "그대는 어디서 왔는고?"라고 물으셨습니다.

남악회양 선사가 숭산에서 왔다고 대답했습니다. 6조 혜능 스님이 "어떤 물건이 이렇게 왔는가?"라고 되묻자, 남악회양 선사는 말문이 탁 막혀버렸던 것입니다.

"어떤 물건이 이렇게 왔는가?"라는 6조 혜능 스님의 말을 듣고 이후 8년간 씨름을 했습니다. '도대체 내가 어떤 대답을 해야 했었나…' 하면서 궁구했던 것이지요. 이것이 요즘 화두를 근거로 하는 참선법인 간화선의 원천이라고 할 수 있습니다. 그러다가 마침내 8년 만에 깨닫고 남악회양 선사가 다시 6조 혜능 스님을 친견하러 갔습니다. "어떤 물건이 이렇게 왔는고?"라는 8년 전과 똑같은 질문에 답하기를, "설사 한 물건이라 해도 맞지 않습니다〔設似一物卽不中〕."

6조 혜능 스님께서 다시 질문하시기를, "그러면 닦아 증득하는 법은 어떻게 생각하느냐?" 남악회양 선사가 답하길, "수증즉불무(修證卽不無) 오염즉부득(汚染卽不得)"이라 했습니다. "닦아서 얻음(닦고 깨침)은 없지 아니하나 더러운 데 물드는 일은 없다. 한 물건이라 해도 맞지 않다. 닦고 깨치는 것도 있을 수 있지만, 그것은 일찍이 오염된 적도 없고 오염시킬 수도 없고 앞으로도 결코 오염될 수 없는 그 자리"라는 대답을 한 것이지요.

그러자 6조 혜능 스님이 인증(印證)하셔서 청원행사(靑原行思) 선사와 함께 상수제자(上首弟子)로 삼으셨습니다. 그리고는 "더러운 데 물들지 아니함은 모든 부처님의 살림살이이다. 너도 그러하고 나도 그러하니 잘 두호(斗護)하라"고 하셨습니다.

이것이 바로 그 유명한 한 물건 화두입니다. 우리는 본래 부처님과 똑같은 성품을 갖고 있다는 말씀입니다. 너도 그렇고 나도 그러하니 잘 지켜나가면 된다는 말씀입니다.

사실 성품이라는 것은 한 물건이라고 해도 맞지 않습니다. 굳이 이름 붙여 성품이라고 했지만, 사실 그것 또한 그냥 이름을 붙인 것뿐입니다. 성품을 닦아서 깨치는 것은 가능하겠지만, 오염즉부득(汚染卽不得), 성품은 오염될 수는 없는 자리입니다.

냥의 수행일기

44

# 꽃의 일생

## 수행과 깨달음, '유리 조심' 붙였다 떼기

견성(見性)이라는 말에서도 알 수 있듯이 성품은 본래 닦는 게 아니라 보는 것입니다. 성품은 오염된 적이 없기 때문에 사실 닦을 필요가 없는 것입니다. 닦는다는 것은 오염을 전제로 하는 말입니다. 본래 면목 자리는 청정한 공(空) 그 자체이므로 연지 찍고 분 바를 필요가 없습니다.

맑은 자리에 닦는다고 걸레질을 하면 더 더러워집니다. 아주 깨끗한 창문을 헝겊으로 닦으면 오히려 더 때가 낍니다. 닦는다는 말을 하긴 하지만 사실은 닦을 필요도 없고 깨친다는 말을 하지만 없는 것을 깨치는 게 아닙니다. 본래 있던 자리인 것입니다.

그런데 그 자리가 너무나도 맑고 투명하기 때문에 사람들이 있는지 없는지 분간을 못합니다. 건물을 짓고 투명유리창을 해 놓으면 새들도 허공인 줄 알고 날아와 부딪힙니다. 그와 같이 너무나 맑고 깨끗하고 투명하면 공해서 형상으로 설명할 수가 없는 것입니다.

그래서 부딪히지 말라고 처음에는 '유리 조심'이라고 써 붙입니다. 어느 정도 유리에 때가 묻어서 분간이 되면 '유리 조심'을 긁어 버리거나 떼어버립니다.

수행하고 깨달음을 얻는다는 것은 '유리조심'이라고 써 놓았다가 아, '여기 유리가 있구나' 하고 확인하고 나서 나중에 필요 없을 때 떼어버리는 것과 같습니다. 그것이 바로 '수증즉부득(修證卽不得: 닦아서 얻음이 없지 않다)'는 것입니다.

수행이 필요하긴 합니다. 왜냐하면, 투명유리가 있는지 없는지 모르는 사람들에게 '유리 조심'이라고 써놓아서 알려주는 것처럼 깨달음이라는 것 자체가 있는지 없는지조차 모르는 사람들에게 그것이 있다는 것을 알려주기 위해서 수행을 하라는 것입니다.

그러니까 투명유리는 수행을 통해 만들어지는 게 아니라 이미 본래 있는 것입니다. 깨달음을 얻었다고 해서 없던 것이 생겨난 것도 아니고 본래 있는 것을 알아차리고 확인할 따름입니다. 이것을 성품이라고 할 수도 있고, 한 물건이라고 할 수도 있겠지만, 다 올바른 표현은 아닙니다. 이미 성품, 한 물건이라고 이름을 붙이는 것은 투명유리에 '성품' '한 물건' '유리 조심'이라고 써놓은 것임을 알아야 합니다.

이러한 것을 완전히 몸으로 체득한 것, 성품자리를 서로 확인해서 이어주는 것, 내가 가지고 있는 불을 상대방이 가지고 있는 불에 전해 주는 것을 전등(傳燈)이라고 합니다. 자기의 불을 전해 주면 자기 불이 꺼지는 게 아니라 다른 사람의 불이 더 보태집니다. 불을 전할 때마다 더 많은 불이 밝혀져서 온 세상을 환히 밝히기 위해 전등하는 것입니다.

지금 이 책에서 다루는 대부분의 내용들이 《전등록》이라고 하는 책에서 가려 뽑은 것입니다. 조사스님들의 깨달음의 일화를 전해 놓은 기록이라 할 수 있는 《전등록》은 우리 모두가 본래 깨달은 존재임을 일깨워 주는 세상에서 가장 보배로운 책이라 할 수 있습니다.

냥의 수행일기

45

# 특별한 진리

## 수레를 칠 것인가? 소를 칠 것인가?

마조도일 선사는 한국불교에 중요한 영향을 끼친 인물입니다. 신라 때 구산선문(九山禪門)이 생기는데 그 선문을 일으킨 스님들이 마조도일 선사의 계통입니다. 제 출가본사인 쌍계사도 마조도일 선사의 제자인 장주신감 선사에게 우리나라의 진감혜심 국사께서 법을 받아 와서 개창하신 것입니다.

6조 혜능 스님이 제자인 남악회양 선사에게 은밀하게 말했습니다.

"그대 수하에 천하 사람들을 밟아버릴 만한 망아지가 하나 출연할 것이네. 유념하고 잘 지도하기 바라네."

마조도일〔마조사 : 馬씨 성을 가진 조사로도 불림〕 선사는 남악회양 선사의 회상에 와서 수행했습니다. 특히 마조도일 선사는 좌선을 열심히 했습니다. 앞에서도 언급한 바와 같이, 좌선하는 마조도일 선사의 옆에서 남악회양 선사가 하릴없이 벽돌을 갈았습니다. 마조도일 선사가 보다 못해 왜 벽돌을 갈고 있느냐고 여쭙자, "벽돌을 갈아서 거울을 만들려고 하네"라고 했습니다.

마조도일 선사가 기가 차서 "벽돌을 갈아서 어찌 거울이 될 수 있겠습니까?"라고 하자, 남악회양 선사가 말씀하셨습니다.

"그렇지. 벽돌을 갈아서 거울을 만들 수 없듯이, 좌선을 한다고 부처가 되는 게 아니다. 벽돌을 갈아서 거울을 만들지 못할진대, 좌선을 한들 어떻게 부처가 될 수 있겠는가? 벽돌을 갈아서 거울을 만들려고 하는 나나 좌선을 해서 부처가 되려고 하는 너나 똑같다"라고 하셨습니다.

이에 마조도일 선사는 깜짝 놀랍니다. 좌선을 열심히 하다 보면 언젠가는 깨달음을 얻고 부처가 될거라고 생각해서 열심히 정진하고 있는데, 뜬금없이 무슨 말인가 싶었겠지요.

"그럼 어떻게 해야 합니까?"라고 여쭈니, "소가 끄는 수레가 가지 않을 때 수레를 쳐야 옳겠는가? 소를 쳐야 옳겠는가? 소를 쳐야겠지?"라고 하십니다. 거기서 마조도일 선사는 '뭔가 다시 생각해야겠구나' 하고 발심이 일어났습니다. '기존의 고정관념 즉 수행을 통해 깨달음을 얻는다는 것이 문제가 있구나' 하고 근본적으로 다시 생각하게 된 것이지요.

투명한 유리에 '유리 조심'이라고 써 놓은 것이 수행입니다. 그리고 그것을 벗겨내서 다시 투명하게 만든 것이 깨달음입니다. 그런데 투명한 유리창은 '유리 조심'이라는 글씨를 쓰기 전에도 있었고 글씨를 벗겨내도 있는 것입니다. 자기가 써 넣어서 생기고 벗겨내서 없어지는 게 아니라는 말입니다.

여기에 굉장히 중요한 의미가 있습니다. 흔히 상식적으로 이것을 해석할 때는 "몸이 움직이지 않는다고 해서 뭐하겠는가. 마음이 움직이지 말아야지"라고 합니다. 그런데 6조 혜능 스님은 좌선을 이렇게 풀이합니다.

> 염불기위좌(念不起爲坐) 잡념이 일어나지 않는 것이 '좌'요,
> 성불란위선(性不亂爲禪) 성품이 혼란스럽지 않는 것이 '선'이다.

대부분 마음이 일어나지 않는 것이 진정한 좌선이요, 몸뚱이만 앉아 있는 것은 좌선이 아니라고 해석합니다. 그러나 6조 혜능 스님의 말씀에는 상식 이상의 가르침이 있습니다. 좌선수행을 통해서 깨달음을 얻겠다는 생각 자체가 잘못되었다는 것입니다. 앉아 있는 몸이 잘못되었다는 게 아닙니다. 다시 말해 수행을 통해 깨달음을 얻는다는 생각이 선禪의 정신과 맞지 않는다는 것입니다.

무엇보다 수행을 해서 부처가 되겠다는 고정관념이 깨져야 합니

다. 참선 수행을 해서 깨달음을 얻고 부처가 되겠다는 것은 스스로 중생임을 인정하는 중생지견(衆生知見)인 것입니다. '수행이라는 과정을 통해 언젠가는 부처가 될 거야' 하는 것은 중생지견임을 확실히 깨달아야 합니다.

6조 혜능 스님의 말씀은 성품 자리에 초점을 맞춘 참선이요, 좌선입니다. 누구든지 중생지견을 가지고 하면 참선이 아닙니다. 수행을 해도 불지견(佛知見)에 입각해서 해야 합니다.

'오염즉부득(汚染卽不得)' 이것을 '불오염수(不汚染修)'라고 합니다.'나는 오염된 중생이야' 하고 생각하니까 수행을 통해 오염을 닦아내면 언젠가는 청정한 부처가 되리라고 생각하는 거잖아요?

이것은 참선이 아닙니다. 물론 신수 대사의 방법일 수는 있습니다. 하지만 적어도 6조 혜능 스님의 돈오(頓悟 : 단박에 깨침)는 아닙니다. 그래서 '나는 중생이 아니고 부처다' 또는 '지금 이대로 부처'라고 하기에는 좀 계면쩍으니까 '내 마음, 내 성품이 본래부처다'라고 합니다.

냥의 수행일기

46

# 부처의 자세

...

내 자세 좀 봐. 다음 생엔 부처로
태어날 것 같지 않니?

## 프레임의 법칙, 관점이 바뀌면 인생이 달라진다

흔히 '프레임(frame)의 법칙'이라는 말을 사용하는데, 동일한 형상도 관점에 따라 전혀 다르게 볼 수 있다는 것입니다. 프레임은 유리창 틀처럼 틀을 말하는데, 생각의 틀, 마음의 틀에 따라 세상만사가 달라 보인다는 뜻에서 프레임의 법칙이라는 말까지 생겼습니다. 그와 같이 관점 또는 초점, 사고방식이 바뀌면 인생이 바뀝니다. 똑같은 상황도 불행을 행복으로 바꿀 수 있습니다.

그런데 무엇보다도 몸과 마음에 초점을 맞추지 말고 성품에 초점을 맞추어야 합니다. 성품에 초점을 맞추어야 성품을 볼 수 있습니다. 그래서 견성(見性)이라 합니다. 초점을 성품에 맞춰 놓고 닦아야 합니다.

'수증즉불무(修證卽不無)', 즉 닦아서 얻음이 없지는 않습니다. 그러나 좌선을 하되, '우리는 본래부처다. 바로 지금 여기에서 5분 앉으면 5분 부처다'라는 마음가짐으로 하십시오. 겉보기는 똑같이 앉아 있는 것 같지만 어떤 마음가짐으로 앉아 있느냐에 따라 부처와 중생이 갈라집니다. 중생지견으로 할 것인가? 불지견으로 할 것인가? 부처의 좌선을 할 것인가? 중생의 좌선을 할 것인가?

'수행 열심히 잘해서 이다음에 부처 되어야지' 하고 중생지견으로 앉아 있으면 중생의 좌선을 하고 있는 것입니다. 반면에 지금 이 자리에서 성품자리, 즉 오염되지 않은 자리이자 불생불멸의 자리에 초점을 맞추고 앉아 있으면, 부처의 좌선을 하는 것입니다.

좌선을 하되, 어떤 마음가짐으로 할 것인가가 중요합니다. 중생의 좌선을 할 것인가? 부처의 좌선을 할 것인가? 여러분의 관점과 초점에 달려 있습니다. 성품자리에 초점을 맞추고 좌선을 하고 앉아 있는 이 순간, 이보다 더 행복할 수 있겠습니까? 이다음에 부처된다고 한들 이보다 더 행복할 수 있겠습니까? 이 자리야말로 더 이상 구하지 않는 자리입니다.

속설에 "구하라. 얻을 것이고, 두드려라. 열릴 것이다"라는 말은 몸과 마음의 차원에서 말한 것입니다. 성품의 차원으로 들어가면, "구할 필요가 없다. 이미 다 갖추고 있다. 두드릴 필요가 없다. 이미 열려 있다"고 합니다. 차원이 달라지는 것입니다. 성품의 차원이 되면 바로 즉신성불입니다.

6조 혜능 스님은 참선에서 성품의 차원을 중시합니다. 그렇다고 해서 몸과 마음을 무시하는 것은 아닙니다. 인정은 하되, 초점을 성품자리에 맞추어 빨리 불지견을 열 수 있도록 개(開)·시(示)·오(悟)·입(入) 즉 열어 보이고 깨달아 들어가게 해 주는 것, 이것이 바로 선이고 법화사상의 핵심입니다.

불지견이 열리면 수행도 부처가 되기 위한 수행이 아니라 본래부처이므로 부처 자리를 그냥 지켜나가는 수행이 되는 것입니다. 이것을 꼭 호념하십시오. 그 자리는 너도 가지고 있고 나도 가지고 있고 모든 사람이 다 갖추고 있는 자리입니다. 찾아가는 수행이 아니라 지켜나가는 수행을 하시면 된다는 말씀입니다.

47

# 둘이면서 하나인 것

스승님,
모든 것이 부처라는 것은 무슨 뜻인가요?
세상만물은 하나이기도 하고 둘이기도 하지. 여기 이 동전처럼 면은 둘이지만 동전은 결국 하나지.

## 자기가 연습한 대로 평상심이 드러난다

마조도일 선사는 우리가 성품이라고 말하는 이것을 더 쉬운 말로 표현했습니다. '평상심시도(平常心是道)', 즉 평상시에 쓰는 마음이 바로 도이니 따로 찾지 말고 평상시에 쓰는 마음으로 진리를 보라는 것입니다. 그렇듯 평상심을 유지하는 게 수행입니다. 평상시에는 '이쁘다, 추하다' 등 분별을 일으키지 않습니다.

그런데 어떤 것을 딱 보았을 때 '예쁘니까 갖고 싶다, 추하니까 보기 싫다'는 분별을 일으키는 것입니다. 그것이 바로 평상심이 깨진 것입니다. 평상심이 깨지기 전에는 평상심이었습니다. 잔잔하던 파도가 한 차례 철썩 친 것입니다. 그러나 파도친 것이 가라앉으면 다시 잔잔해지는 바다처럼 또 평상심이 됩니다. 파도가 치든 치지 않든 바다인 것처럼 평상심은 항상 가지고 있는 것입니다.

마조도일 선사는 바다 같은 성품자리를 평상심이라는 용어로 표현한 것입니다. 수행은 새로 성품을 갖거나 밝혀내는 것이 아니라 평상심을 유지하는 것입니다. 물론 평상심을 유지하는 게 말처럼 쉽지는 않습니다.

하지만 어떻게 생각하느냐에 따라 수행의 차원이 달라집니다. 이미 이루어진 것을 지키는 것이 바로 수행입니다. 본래 불씨가 있다는 것을 아는 것, 불씨를 얻으러 가는 게 아니고 그 불씨를 죽이지만 않으면 된다는 것을 알고 수행하면 그 효과가 어마어마하게 클 수밖에 없습니다.

앞의 게송에서 '마음 땅은 온갖 종자를 품었으니'라고 했습니다. 마음 땅, 심지(心地)는 부유한 마음, 가난한 마음, 아름다운 마음, 추악한 마음 등을 다 갖고 있다가 어떤 경계를 만났을 때 활짝 피어오릅니다. 종자 봉투 안의 씨앗을 꺼내서 심고 물을 주고 거름을 주고 햇살을 비춰주면 어느새 쑥 자라듯이 자기가 연습한 대로 드러나는 것입니다.

마음 땅은 원래 고정된 실체가 없으므로, 부유한 마음을 연습하면 부유해지고, 고귀한 마음을 연습하면 고귀해집니다. 구걸하는 마음을 연습하면 거지가 되고, 시기질투 험담하는 마음을 연습하면 천박해집니다. 처음부터 끝까지 불교는 인과법으로 알고 실천하면 됩니다.

자성, 성품, 마음 땅, 평상심이 자기 안에 다 깃들어 있다가 만일 성질이 나는 일을 만나면 그 순간 성질이 팍 일어나고, 기쁜 일을 만나면 기뻐하는 것입니다.

삶의 희로애락 또한 자기가 연습한 것이 더 잘 드러나기 마련입니다. 평소 화내는 마음을 연습한 사람은 화를 버럭 잘 내기 마련이고, 자비심이 깊은 사람은 화를 내야 할 상황이라도 이해하고, 상대방이 왜 이런 행동을 했는지 주의 깊게 살펴보고 오히려 상대방을 측은지심으로 바라보고 감싸주는 것입니다.

화를 잘 내는 비호감형 인간이 될 것인가? 따뜻한 배려와 자비심으로 후덕한 인격자가 될 것인가? 다 평상시에 연습한 대로 나오는 것이므로 평상심이 그토록 중요하다는 말입니다.

# 선업 만들기

## 삼매의 꽃은 모양이 없다

계송의 그 다음 구절이, "비록 만나면 모두 다 싹을 틔우네. 삼매의 꽃은 모양이 없거늘 무엇이 무너지고 무엇을 이루겠는가"를 보면서 저는 가슴이 서늘해졌습니다.

성품이 본래 추악하게 생겼습니까?

또는 아름답게 생겼습니까?

그렇지 않습니다. 성품은 선한 것도 아니고 악한 것도 아닙니다. 공한 것입니다.

불교는 성공설(性空說)입니다. 공(空), 텅 비어 있기에 무엇으로든 채울 수 있습니다. 무엇으로 채울 것인가는 자기 자신이 선택하는 것입니다. 그와 같이 선한 마음을 연습하면 선인(善人)이 되고 악한 마음을 연습하면 악인(惡人)이 됩니다. '선인이 될 것인가, 악인이 될 것인가'를 자기 자신이 결정한다는 것입니다.

선행을 많이 한 사람을 두고 '저 사람을 나쁜 사람이 되게 해 주세요' 하면서 아무리 기도한다고 해도 그 사람이 나쁜 사람이 되지는 않습니다. 마찬가지로 악행을 많이 한 사람이 부처님 앞에 와서 '저를 착한 사람이 되게 해 주세요'라고 간절하게 빈다고 해서 선인이 되는 것은 아닙니다.

이와 같이 이 짧은 게송이 여러 가지 의미를 담고 있습니다. 물론 선시(禪詩)이므로 성품자리에 관한 내용을 함축하고 있지만 알아듣기 쉽게 설명하면 이렇습니다.

49

# 눈에 보이는 것을 그대로 믿어라

우리는 너무 쉽다고 여기는 것을
바로 받아들이지 않는 경향이 있습니다.
그렇게 간단하고 쉽게 해결될 리 없다고 생각해요.
뭔가 숨겨진 것이 있을 거라 생각하면서
보이는 것을 그대로 받아들이지 못해 힘든 길을 돌아갑니다.
오랜 시간 길이 아닌 곳을 떠돌다가 지쳐 집으로 돌아오면
내가 찾는 것은 여전히 그 자리에서 알아봐 주길
기다리고 있지요.

눈에 보이는 것
그대로가 진리래.
아무 것도 기억하려하지
말고, 생각하지도 말고,
망상하지도 말아.
그러면 모든 것이
보일거야.

보고 듣고 느끼고 앎에 장애가 없고

소리 · 향기 · 맛 · 감촉이 항상 삼매라

취하고 버릴 것도 없고, 밉고 고움도 모두 없네.

감응하는 곳마다 본래 무심임을 이해하면

비로소 관자재라는 이름을 얻으리라.

-《전등록》

6장

# 평상심이 도(道)

## 보고 듣고 느끼되 걸리지 않고 매이지 않는다

보고 듣고 느끼고 앎에 장애가 없고

소리, 향기, 맛, 감촉이 항상 삼매라

취하고 버릴 것도 없고, 밉고 고움도 모두 없네.

감응하는 곳마다 본래 무심임을 이해하면

비로소 관자재라는 이름을 얻으리라.

–《전등록》

위 게송은 6조 혜능 스님의 제자인 본정 선사의 게송입니다. 위 게송의 구절, '보고 듣고 느끼고 앎에 장애가 없고'에서, 보고 듣고 느끼고 앎은 견문각지(見聞覺知)를 말합니다. 또한 '소리 · 향기 · 맛 · 감촉이 항상 삼매라'에서, 소리 · 향기 · 맛 · 감촉은 견문각지의 대상이고, '취하고, 버릴 것과 밉고 고움도 모두 없네'라는 것은 있는 그대로 단지 바라볼 뿐이라는 의미입니다. '감응하는 곳마다 본래 무심(無心)임을 이해하면 비로소 관자재라는 이름을 얻으리라'라고 하였는데, 관자재가 되려면, 객관화가 되어야 합니다. 즉 제 3자가 되어서 자기 몸을 바라보고 자기 마음을 관찰해야 관자재가 된다는 말입니다.

여기서 '관자재'란, 관찰이 자유자재하다는 의미입니다. 말하자면, 견문각지가 자유자재하다는 것으로 보되 걸리지 않고 매이지 않으며, 듣되 걸리지 않고 매이지 않는다는 것입니다. 객관화가 되지 않으면 대상에 얽매이기 쉽기 때문에 결코 관자재할 수 없습니다.

본정 선사는 강주 사람으로서 성은 장 씨입니다. 어릴 때 출가하여 사공산 무상사에 승적을 두었고, 6조 혜능 스님에게 인가를 받은 분입니다.

당의 천보 3년 현종 때 사신 양광정이 본정 선사에게 찾아와 "스님, 제게 도를 가르쳐 주십시오"라고 하니, 본정 선사가 말씀하시길 "나는 산수(山水)에 의지할 뿐 마음을 쓰는 바가 없소"라고 하셨습니다. 산수에 의지한다는 것은 자연과 더불어 유유자적하게 산다는 것입니다.

이에, 양광정이 울면서 절을 올리자 본정 선사가 말했습니다. "그대는 부처를 구하는가? 아니면 도(道)를 구하는가?"라고 하시니, 양광정이 재차 "부처와 도는 어떻게 다릅니까?"라고 묻습니다.

본정 선사가 말씀하시길, "심즉불(心卽佛) 무심시도(無心是道), 만약 부처를 구하고 싶다면 마음이 바로 부처이고 만약 도를 구하고 싶다면 무심이 곧 도라오"라고 하셨습니다.

여기에서 무심은 무관심이 아니고 무분별심을 말합니다. 관심이 없는 무관심과 분별하지 않는 무분별심은 전혀 다른 말입니다. 눈으로 보고 소리로 들리고 느끼는 것에 대해 분별심이 없고 걸리지도 않고 매이지도 않는 것은 어떤 경지일까요? 누가 자기에게 욕을 한다고 해도 성질을 버럭 내지도 않고, 누가 자기를 칭찬한다고 해도 헬렐레 하며 좋아하지도 않는 것이 바로 무분별심입니다.

그렇다면 분별심이 없는 아이들이나 식물인간이 다 도인일까요? 그것은 아닙니다. 왜냐하면 그들은 무분별심은 있는지 몰라도 분별력이 없기 때문입니다. 다시 말해 분별심은 쉬어야 하지만 분별력은 증장시켜야 합니다.

이를테면, 어떤 상황에 직면했을 때 '이런 말을 해야 할지, 하지 말아야 할지', 내가 이 순간에 '어떻게 처신해야 할지', '상대방을 어떻게 응대해야 할지' 아는 것은 분별력입니다. 거기에서 크나큰 차이가 납니다. 분별심은 쉬고 분별력은 뛰어난 사람이 도인입니다.

냥의 수행일기

50

# 텅빈 상태

## 성질을 내면 먼저 자기 자신이 괴롭다

변화무상한 세상에서 '자성', '청정심', '성품', '평상심'을 잘 지켜 나갈 줄 알아야 합니다. 마음은 생주이멸(生住異滅)하고, 몸은 생로병사(生老病死)하고, 우주는 성주괴공(成住壞空)하는 것처럼 세상의 모든 것은 변합니다. 이렇게 변하는 것이 진리입니다.

《대승기신론》에서, "마음은 생주이멸(태어나서 살다 변화하고 소멸하는 네 가지 모양)한다"고 했습니다. 쉽게 예를 들면, 가령 기분 나쁜 일이 있다고 생각해 보세요. 처음에는 성질이 많이 날 것입니다. 당장에 어떻게라도 하지 않으면 성질이 폭발할 것 같아서 미치겠지요. 하지만, 시간이 지나면 차츰 옅어집니다.

왜냐하면 계속 성질을 내고 있으면, 오히려 자기가 괴로워서 못 견디는 겁니다. 자기가 먼저 힘들어집니다. 남을 해코지하기 전에 자기가 너무나 괴로우므로 그만 성질을 꺾는 분들이 많습니다. 물론 끝끝내 성질을 풀지 않는 사람도 있긴 합니다. 하지만 사람은 누구나 자기보호본능이 있기 때문에 계속 성질을 내다가는 자기가 못살 것 같으니까 대부분의 사람들이 본능적으로 쉬어가는 것입니다.

탐진치 삼독(貪:욕심 · 瞋:성냄 · 癡:어리석음)이 생기지 않는 경지가 진정한 깨달음의 경지입니다. 그리고 욕심 · 성냄 · 어리석음이 생겨났을 때 어떻게 다스리느냐에 따라 수분각(隨分覺), 상사각(相似覺), 불각(不覺)으로 나뉘어 집니다.

수분각은 법집(法執)을 끊고 진여법신을 일 분 일 분씩 깨달아가는 지위를 말합니다. 상사각은 아직 진각(眞覺)을 얻지 못한 자리로 겉으로는 깨달은 것 같지만 짝퉁깨달음을 말합니다. 불각은 아직 혹(惑)을 끊는 지혜가 생기지 않은 자리입니다.

정각(正覺)은 분노심이 아예 생기지 않는 자리(아라한, 부처)로 분노심이 생겼을 때 얼른 지켜보고 빨리 다스리면 근접한 깨달음이 됩니다. 탐심 · 분노 · 어리석음이 조금이라도 남아 있으면 정각이라 할 수 없고, 수분각(나름대로의 깨달음)이나 상사각(겉보기에는 깨달은 것 같지만 아직 깨달은 것이 아님)입니다.

# 자신만 불타는 양초

화가 나서 욕을 하거나 미워하는 말을 하거나
그런 마음을 먹으면 그것이 상대에게 날아가 상처 입히고
자신은 마음이 편안해 질 것이라 생각합니다.
하지만 상대가 그것을 받지 않는다면 어찌될까요?
고스란히 자신의 상처입니다.
화를 내는 것은 스스로를 태우는 일입니다.
바꾸면 상대가 나에게 화를 내도 받아주지 않으면 그만입니다.

화가 나면
어찌 합니까?
화를 지닌 마음은
이런 불과 같지. 상대방
은 불타는 나를 바라보고
녹아서 사라지는 것은
자신이니까.

## 물같이 무심하게 살라

지수화풍(地水火風) 4대의 주재자가 없습니다. 이는 불교적으로는 무아설(無我說)을 의미하는 것입니다. 무아설의 아(我)는 아뜨만을 의미하는 것으로, 고정불변의 실체로서의 아뜨만은 없습니다. 다시 말해 실체는 없습니다. 그러나 현상은 존재합니다. 그러므로 있기도 하고 없기도 합니다. 이를 한마디로 표현해서 '공(空)하다'라고 합니다. 그리고 유와 무의 중도인 것입니다.

무아설, 공사상, 중도설, 연기설은 표현이 다를 뿐 다 진리의 법칙을 얘기하는 것입니다. 아(我)가 없고 고정된 실체가 없으므로 인연 따라 일어났다가 인연 따라 사라집니다. 무아설과 연기설이 다 일맥상통하는 얘기입니다. 자기 자신이 이미 고정이 되어 있다면, 무슨 짓을 해도 상관이 없을 것입니다.

"설령 살인이나 도둑질을 해도 상관없습니다. 그것은 내가 아닙니다. 왜냐하면 고정불변의 실체로서의 내가 있으니까"라고 할 것입니다. 또 고정불변의 실체가 있다면, 아무리 열심히 수행을 해도 소용이 없고, 아무리 많은 선행을 해도 소용없습니다. 이미 결정되어 있기 때문입니다.

그러나 불교는 고정된 실체가 없기에 바로 지금 여기서 내가 선행을 하면 선인이 되고, 악행을 하면 악인이 된다고 가르칩니다. 그것이 바로 "사대의 주재자가 없으니 마치 물과 같다"고 하는 것입니다. 물은 아시다시피 일정한 형상이 없습니다. 둥근 그릇에 담으면 둥글어지고, 네모난 그릇에 담으면 네모지고, 강에 가면 강물이 되어 흐르고 바다에 가면 바닷물이 되어 잔잔할 때도 있고 파도가 칠 때도 있습니다.

그렇듯 물은 고정된 실체가 없기 때문에 어떤 모양으로도 나타날 수 있고 끊임없이 현상으로서 작용합니다. 물의 성질이 불교의 핵심을 잘 나타내 주고 있다고 해도 과언이 아닙니다.

4대의 주재자가 없으니 마치 물과 같아서 곧은 것을 만나든 굽은 것을 만나든 피차(彼此)가 없고(나와 남이 따로 없고), 더럽고 깨끗함이라는 두 마음을 내지 않으니 어찌 막히고 트인다는 두 가지 뜻이 있겠습니까? 그저 물같이 무심하기만 하면 세상을 아무리 종횡 무진한들 무슨 일이 있겠어요.

물같이 사는 것이 잘사는 것이라는 말입니다. 물은 무심하게 흐르면서 더러운 것을 쓸어내 줍니다. 즉 고정된 실체는 없지만 작용은 있습니다. 더러운 것을 쓸어내 주고 모든 것에 생명력을 주고 물의 성질만으로도 큰 깨달음을 줍니다. 이렇듯 무심하게 산다고 아무 쓸모없이 사는 게 아닙니다. 오히려 무심하니까 엄청난 쓸모가 있습니다.

냥의 수행일기

52

# 방생

## 자기 마음의 주인이 되어야 한다

마하반야바라밀다심경(摩訶般若波羅蜜多心經)

관자재보살(觀自在菩薩)

행심반야바라밀다시(行深般若波羅蜜多時)

조견오온개공(照見五蘊皆空)

도일체고액(度一切苦厄)

관자재보살이

깊은 반야바라밀다를 수행할 때

오온이 다 비었음을 비추어보고

모든 고액을 여의느니라.

-《반야심경》

'관자재'라는 이름을 가진 보살님이 설주로 나온 경전이 반야심경입니다. 대승불교의 핵심사상을 함축시켜 놓은 반야심경은 모든 불교의식에 다 들어가는지라 불교신자들은 물론이고 일반인들도 몇 구절 정도는 들어보았을 것입니다.

관자재, 즉 관찰을 자유자재로 해야 합니다. 원래 관자재보살은 아바로키테슈와라(Avalokitesvara)를 의미하며 관세음으로도 번역됩니다. 관자재보살은 관(觀)이 자유자재한 보살입니다. 세상을 잘 관찰해서 자기 마음의 지배자, 즉 마음을 지배당하는 자가 아니라 자기 마음을 지배하는 자가 되어야 합니다. 자기 마음의 주인이 되면 그것이 곧 관자재입니다.

돈이든 다른 사람이든 신이든 부처님에게까지도 지배당해서는 안 됩니다. 심지어, 《선가귀감》에서는 "부처와 조사 보기를 원수처럼 하라"고도 합니다. 그분들이 좋은 분들이고 대단한 분들이긴 하지만, 내 마음을 그분들에게 지배당해서는 안 된다는 것입니다. 내 마음의 주인은 내가 되어야지, 내 마음을 그분들에게 지배당하고 종이 되면 이미 물 건너간 것이요, 참 불자의 태도가 아니기 때문입니다.

관자재, 자유자재로 보는 것 또한 끊임없이 연습해야 합니다. 몸 보기, 마음 보기, 성품 보기를 끊임없이 연습해야 합니다. 먼저 자기 몸을 절절지해(節節支解), 일일이 다 분해해서 안·이·비·설·신, 눈과 귀와 코와 혀와 몸을 하나하나 해체시켜서 보는 것입니다. 그랬을 때 몸에서 의식이 떠나면 몸은 썩은 나무둥치처럼 아무 쓸모가 없게 된다는 것을 알게 됩니다.

또한 마음은 들숨날숨의 기둥에 마음챙김의 밧줄로 묶어서 보고 성품은 돌이켜 봅니다. 성품을 보도록 촉발시켜 주고 분발시켜 주어 불지견을 열 수 있도록 선지식들께서 희망과 용기를 주는 것이 바로 성품을 보는 게송들입니다.

냥의 수행일기

53

# 내 안에 깨달음 있다

## 우선순위가 무엇인가

사실 분별심이 쉬어지면 깨닫든지 못 깨닫든지 전혀 의미가 없어집니다. 분별심이 있기 때문에 '깨달음을 얻네 마네' 하면서 분별을 하는 것입니다. 분별심이 쉬어지면 얻을 것도 없고 버릴 것도 없습니다.

분별심이 쉬어지는 것, 분별심이 없는 무분별심은 '평상심'을 뜻합니다. 그래서 '평상심'을 잘 지켜나갈 줄 알아야 한다고 거듭해서 강조하는 것입니다. 그렇다면 평상심을 잘 지켜나가기 위해서는 어떻게 해야 할까요? 앞에서도 언급한 적이 있는데, 몸 보기, 마음 보기, 성품 보기를 자꾸 연습해서 완전히 자기 것으로 만들어야 합니다.

대체로 몸 보기, 마음 보기가 잘 안 되는 것은 낯설기 때문입니다. 그리고 몸 보기, 마음 보기에 시간과 노력을 투자하지 않아서 그런 것입니다. 윤회에서 벗어나는 해탈법을 익히는 것에 우선순위를 두어야 하는데, 시간과 노력을 투자하지도 않고 거저 얻으려고 하는 경향이 있습니다. 다른 것 다하고 시간이 나면 자투리 시간에 한다는 식으로 해서는 별 진전이 없다는 것을 명심해야 합니다. 마음공부도 시험공부 하듯이 열심히 해야 이룰 수 있습니다.

# 마음공부는 자전거 여행

마음공부는 쉼없이 해야 합니다.
자전거의 페달을 멈추면 중심을
잃고 바로 쓰러지고 말아요.

## 순간순간 깨어 있는 삶, 완전 연소하는 삶

불교공부의 핵심은 관찰, 명상 또는 참선입니다. 또한 부처님께서 알려 주신 게송을 잘 반복해서 읽고 외워서 그 내용을 자기 것으로 만드는 것이 불교공부의 첫째 비결이라 할 수 있습니다.

또 하나는 몸 보기, 마음 보기, 성품 보기 등 자기 몸을 관찰하고 마음을 관찰하고 그래서 궁극적으로는 성품을 보는 것까지 할 수 있다면 금상첨화일 것입니다.

세상에 널리 알려진 게송 중에서 가장 대표적인 것이 금강경 사구게입니다. 그 중에서도 다음 사구게는 금강경의 핵심 사상을 담고 있습니다.

일체유위법(一切有爲法)
여몽환포영(如夢幻泡影)

여로역여전(如露亦如電)

응작여시관(應作如是觀)

애착 있는 모든 것은

마치 꿈, 환타지, 물거품, 그림자 같고

또한 이슬 같고 번갯불 같으니

마땅히 이와 같이 관찰할지니라.

모든 존재는 몽(夢)·환(幻)·포(泡)·영(影)·로(露)·전(電)과 같습니다. 몽은 꿈이요, 환은 환타지라 할 수 있습니다. 《삶은 환타지다》라는 제목으로 방송도 했고, 작년에 똑같은 제목의 책을 출판하기도 했습니다.

예전에 경전을 번역하시던 분들은 환을 주로 허깨비로 옮겼는데, 저는 허깨비라는 말 대신에 환타지라는 말을 씁니다. 삶이 환타지 영화 같지 않습니까? 방송프로그램도 환타지 같아서 만들어졌다가 사라지고, 계속 변화하는 특색을 가지고 있습니다. 방송만 그러한 게 아니라 우리 삶도 마찬가지입니다.

몽(夢)·환(幻)·포(泡)·영(影)·로(露)·전(電), 이 여섯 가지의 한결 같은 공통적인 특징이 바로 일시적으로 생겨났다가 순간적으로 사라지는 것입니다. 홀연히 나타났다가 홀연히 사라진다는 표현이 더 실감이 나겠네요. 물거품도 홀연히 나타났다가 홀연히 꺼져버리고, 번갯불도 번쩍 내리쳤다가 사라집니다.

그와 같이 우리 존재는 모두 다 '홀생홀기(忽生忽起)'라는 강력한 교훈을 줍니다. 어떻습니까? 홀생홀기라는 말을 가슴에 받아들이는 순간 삶에 대한 태도가 달라지는 것 같지 않습니까? 삶에 너무 애착할 것도 없고, 또 그렇다고 너무 무시할 것도 없다는 생각이 들지요?

집착하지 말고 순간순간 깨어 있는 삶, 완전 연소하는 삶이 우리 불자들의 인생 목표라고 할 수 있습니다.

# 하루살이의 충고

바르게 살려면 어떻게 해야 하는 것일까?

살려거든 먼저 죽음을 생각해봐. 내일 네가 죽는다면 오늘 어떻게 살아야 할지 알 수 있지.

## 죽음의 왕도 보지 못하는 법

'깨어 있어야 한다는 사실을 항상 인식하자'는 것이 바로 관찰자입니다. 깨어 있어야 관찰을 할 수 있기 때문입니다. 초기경전에는 몸 보기, 마음 보기 위주의 게송이 많이 나옵니다.

《금강경》을 소의경전으로 하고 있는 한국불교의 대표종단인 조계종은 수행법 중에서도 참선(參禪)을 중시하고 있습니다. 참선은 성품을 보는 것입니다. 이 책에서는 주로 선사들의 게송을 통해 성품을 보는 방법에 대해 말씀드렸습니다. 그런데 알고 보면, 초기경전에도 금강경 사구게와 유사한 게송이 많습니다.

> 몸과 마음을 신기루처럼 물거품처럼 바라본다면
> 죽음의 왕도 그를 보지 못하리라.
> -《법구경》

가만히 살펴보면 초기경전에 대승경전의 내용이 거의 다 들어 있습니다. 대승경전은 초기경전의 내용을 좀 더 보충해서 설명해 주었을 뿐이지 전혀 근거 없는 얘기를 하는 경우는 없습니다. '대승경전도 부처님의 뜻'이라고 알면 됩니다.

위《법구경》의 의미는 금강경 사구게와 같습니다. 같은 얘긴데, 다만 여기서는 물거품과 신기루에 비유한 것만 다릅니다. 어학사전에 의하면, "신기루는 대기에서 일어나는 빛의 이상 굴절 현상이다. 온도와 습도의 영향으로 지면이나 수면에 접한 더운 공기나 찬 공기에 의한 굴절로 일어나는 바다에서는 공중에, 사막의 모래 위에서는 지평선 아래에서 나타난다. 옛날에는 대합조개나 이무기가 토해 낸 기운으로 나타난다고 생각했다"고 되어 있습니다.

신기루는 이론적으로는 알아도 일상에서 만나기 어려우니 아지랑이를 예로 드는 게 더 좋을 것 같습니다.

여러분도 아지랑이는 보셨지요? 아지랑이는 멀리서 보면 있는 것 같은데, 가까이 가서 잡으려고 하면 잡을 수가 없습니다. 우리 마음도 현상은 분명히 있지 않습니까? '마음이 괴롭다. 즐겁다. 슬프다'라는 말은 많이 하는데, '내놓아 봐라' 하면 아지랑이처럼 꺼내서 보여줄 수가 없습니다.

물거품도 그렇지요. 비가 내리면 빗방울이 떨어질 때 바닥에 물거품·물방울이 생겼다가 사라졌다 합니다. 그것을 보면서 '아, 우리 몸뚱이도 저 물거품과 같은 것이구나' 하는 것을 깨닫고 죽음과 삶의 집착에서 벗어나는 것도 깨달음입니다.

몸과 마음은 물거품과 같고 신기루와 같은 것입니다. 일시적으로 나타났다가 일시적으로 사라지는 것인데, 몸과 마음에 너무 큰 애착을 갖고 '이것이 나다'라고 생각하면 저승사자에게 끌려가는 것입니다.

우리가 인식하고 있는 '나'는 진정한 '나'가 아닙니다. 일시적인 '나'입니다. '나'는 본래 고정된 실체가 없는 존재입니다. 불교의 무아설(無我說)을 제대로 알면 끌려갈 일이 없는 것입니다. 결국 자기의 '본성', '불성'이라고도 하는 성품을 제대로 보아야 한다는 말입니다.

부처님께서 우리는 누구나 다 불성(佛性)을 가지고 있다고 말씀하셨습니다. 불성은 부처가 될 가능성입니다. 불성은 공성(空性)과 같은 말입니다. 공성은 텅 비어 있다는 말인데, 텅 비어 있기 때문에 무엇으로든 채울 수 있는 것입니다. 무한한 가능성이 공성의 올바른 의미입니다. 우리는 누구나 다 무한한 가능성이 있습니다. 부처도 될 수 있고, 보살도 될 수 있고, 신도 될 수 있고, 인간도 될 수 있고, 축생도 될 수 있습니다.

무엇이 될 것인가? 이것은 부처님이 택해 주는 것도 아니고 신이 정해 주는 것도 아니고 스스로 자기 자신이 '선택'하는 것입니다. 얼마나 멋진 일입니까? 역사 이래 이 세상에서 인간의 가능성을 가장 크게 확대시켜 주신 분이 바로 부처님입니다. 다른 종교에서는 신을 섬기고 신의 은총을 받는 것이 궁극적인 목적입니다. 그 또한 아름다운 일입니다. 하지만, 불교에서는 신도 될 수 있고 신들의 스승인 부처도 될 수 있습니다.

자기 자신이 갖고 있는 무한한 가능성을 확신하고 지평을 넓혀가기 위해 노력하면 누구나 다 부처가 될 수 있다니 얼마나 멋집니까? 부처도 될 수 있는데 무엇인들 될 수 없겠습니까? 자기 자신뿐만 아니라 다른 사람도 무한한 가능성이 있는 존재임을 믿고, 다른 사람을 대할 때도 부처님 대하듯이 한다면 세상이 정말 아름다운 불국토가 될 것입니다.

냥의 수행일기

56

# 그림 속 물고기

## 모태에서 나오기도 전에 중생 제도를 다 마쳤다

《선문염송》의 첫 번째 화두는 무엇일까요?

세존께서 미리도솔(未離兜率)에 이강왕궁(已降王宮)이요,
미출모태(未出母胎)에 도인이필(度人已畢)이라.

세존께서 도솔천을 떠나지도 않았는데
이미 왕궁에 태어나셨고,
어머니 태에서 나오지도 않았는데
중생들을 이미 다 제도했다.

우리나라는 화두를 참구하는 간화선 수행 전통이 내려오고 있습니다. 화두에 대해 물어보는 분들이 많은데, 어떤 것이든 문제로 삼

을 수 있는 것이 화두이고, 화두를 놓고 골똘히 이치를 궁구하면 그게 바로 참선하는 것입니다.

선문염송은 앞에서도 언급한 것처럼 한국 간화선의 교과서라 할 수 있을 정도로 아주 뛰어난 책입니다. 고려시대 때 진각 국사 혜심 스님께서 편찬하신 책으로 수많은 화두가 수록되어 있는데 위 구절이 그 중 첫 번째 나오는 화두입니다.

부처님의 일생을 여덟 단계로 나누어 그린 불화를 팔상도라 합니다. 제 출가본사인 쌍계사 금당에도 팔상전이 있습니다.

첫 번째 그림이 도솔래의상인데, 부처님이 인간으로 태어나기 전에 도솔천에 계시다가 마야부인의 태로 들어오시는 모습이 그려져 있습니다. 세존께서 도솔천을 아직 떠나지도 않았는데 이미 카필라성 왕궁에 태어났고 어머니의 태에서 나오지도 않았는데 중생들을 다 제도해 마쳤다고 하니 상식적으로는 이해할 수 없는 아주 희한한 말입니다.

그렇다면 어찌하여 도솔천을 떠나지도 않았는데 왕궁에 태어났다고 했을까요? 또 어떻게 어머니 뱃속에서 태어나기도 전에 중생을 제도해 마칠 수 있을까요?

사실 역사적으로 석가모니 부처님은 카필라 성의 왕자로 태어나서 자라서 출가하여 도를 닦아서 깨달음을 얻으시고 중생 제도하시다가 열반에 드셨습니다. 그런데 역사적인 사실과는 무관하게 '어머니 태에서 나오시기도 전에 이미 중생들을 다 제도해 마쳤다 하니 이게 도대체 무슨 소식인가?' 하고 궁금해 하는 것, 일반적인 상식을 뒤엎는 듯한 문답에 대해 의문을 일으키고 그 해답을 구하기 위해 애쓰는 것이 간화선 수행입니다.

화두는 말로 표현하고 있으나 말 이전의 뜻을 함축하고 있습니다. 옛 스님들이 말씀하시길, 마치 어미닭이 알을 품은 것처럼, 고양이가 쥐를 잡을 때처럼 간절하게 화두를 참구하라고 하셨습니다.

더 자세한 얘기는 직접 만나서 해드려야지 말로 표현하는 것은 한계가 있습니다.

냥의 수행일기

57

# 전생

너와 내가 같다는데 이 말이 이해가 되니? 난 고양이고 넌 물고기잖아.
생명은 끊임없이 나고 죽고 있어. 조금 더 크게 보면 이전의 생에선 네가 물고기였고 내가 고양이였을지 모르지. 좀 알겠어?

## 온 세상은 한 송이의 꽃

몇 년 전에 6조 혜능 스님의 법어록인 《육조단경》 해설집을 펴냈는데, 이 책에서는 6조 혜능 스님의 게송을 많이 다루었습니다. 선불교를 활짝 꽃피운 6조 혜능 스님의 정상(頂像)이 모셔진 쌍계사가 제 출가본사라는 인연도 작용했을 것입니다. 이 모든 인연 또한 가피가 아닐까 생각합니다.

쌍계사에서도 6조 혜능 스님의 정상을 모신 금당은 지리산에서도 가장 수려한 풍광의 명당입니다. 많은 스님들이 이곳에서 6조 혜능 스님의 기운을 느끼면서 수행하여 큰 성취를 이룬 곳이기도 합니다. 쌍계사 금당에 대해 대략 설명해 드리겠습니다.

금당은 금인이 계신 곳이라는 의미입니다. 금당에는 '육조정상탑'이라는 현판이 걸려 있는데, 추사 김정희 선생의 낙관이 찍혀 있습니다. 신라 말에 삼법, 대비 두 큰스님이 중국에 가셔서 6조 혜능 스님의 정상을 모셔서 이곳에 봉안했다는 기록이 남아 있습니다. 거기에 입각해서 6조 혜능 스님의 정상을 모신 탑이라 해서 육조정상탑이라 하고 탑은 금당 안에 있습니다.

세계일화(世界一花) 온 세상은 한 송이의 꽃이고
조종육엽(祖宗六葉) 조사의 종지는 여섯 잎사귀다.

'온 세상은 각기 분리되어 있는 존재가 아니고 세계라는 한 송이 꽃을 이루고 있다'는 것입니다. 또한 조사의 종지는 1조 달마, 2조 혜가, 3조 승찬, 4조 도신, 5조 홍인, 6조 혜능을 뜻하며 이분들의 가르침이 여섯 잎사귀로 피어났다는 의미를 담고 있습니다.

또 주련에는 6조 혜능 스님의 오도송이 새겨져 있습니다. 이 게송은 6조 혜능 스님께서 5조 홍인 스님에게서 인가를 받게 된 게송으로 앞에서 이미 언급했습니다만 한 번 더 보여드리겠습니다.

보리본무수(菩提本無樹)
명경역비대(明鏡亦非臺)
본래무일물(本來無一物)
하처야진애(何處惹塵埃)

5조 홍인 스님께서 제자들에게 '게송을 지어 오라'는 명을 내리셨는데, 그 당시 대중스님들을 가르치던 신수 대사가 '몸은 보리의 나무요 마음은 명경대'라고 했는데, 거기에 빗대어 '몸이니 마음이니 하는 것은 고정된 실체가 있는 것이 아니다. 고정된 실체가 없는 것을 붙들고 실랑이하는 것은 부질없는 짓이다'라는 의미를 담아, '본래 무일물 하처야진애, 본래 한 물건도 없거늘 어찌 먼지를 털 필요가 있으랴'라고 한 것입니다.

《육조단경》은 여러 판본이 있는데, 어떤 판본에는 본래무일물 대신에 불성상청정(佛性常淸淨)으로 되어 있기도 합니다. 이는 몸과 마음에서 한 차원 높여서 성품의 차원으로 올려준 것입니다.

6조 혜능 스님의 게송은 신수 대사의 게송에 비해 참선의 핵심을 나타내 준 것입니다. 참선은 몸을 닦고 마음을 닦는 데 초점을 맞추는 게 아니라 성품을 보는 데 초점을 맞춥니다. 그래서 견성(見性)이라고 하는 것입니다. 견성법이야말로 참선의 핵심인데, 6조 혜능 스님의 게송에 그 핵심이 잘 나타나 있습니다. 이 게송만 곱씹고 참구해도 성품을 볼 수 있을 것입니다.

냥의 수행일기

58

# 결국 내 안에

## 쌍계사 금당선원 벽화에 담긴 깨달음

쌍계사 금당선원의 벽화에는 6조 혜능 스님의 생애를 담아 놓았습니다. 첫 번째 그림은 노파가 오두막집에 살고 있고, 두 번째 그림은 장작을 패고 있는 총각입니다. 출가 전에 6조 혜능 스님은 홀어머니를 모시고 살던 나무꾼이었다는 것을 한눈에 알아 볼 수 있는 벽화입니다.

세 번째 그림은 어느 날 땔감을 해서 저자거리로 나가 팔아서 필요한 물건을 사가지고 돌아가는 길에, 관숙사 건물을 지나다가 금강경 읽는 소리를 듣고 마음이 열리는 장면입니다.

"지금 읽고 계시던 내용이 무엇입니까? 어디 가면 배울 수 있습니까?"라고 물었을 때 금강경을 읽던 분이 "5조 홍인 선사를 찾아가십시오"라고 해서 5조 홍인 선사를 찾아갑니다.

네 번째 그림은 5조 홍인 선사를 만나서 인사를 드리는 장면입니다. 그때 이런 대화가 오갑니다. "어디서 왔느냐?" "남쪽에서 왔습니다." "남쪽에서 왔으면 오랑캐거늘 오랑캐가 어찌 부처가 되려 하느냐?" "인유남북일지라도 불성무남북(사람에게는 남과 북이 있을지라도 불성에는 남과 북이 없습니다)"이라는 대화 끝에 5조 홍인 스님이 혜능의 사람 됨됨이를 알아보셨지만 "방아나 찧으라"고 하셨다는 일화는 잘 알고 계실 것입니다.

다섯 번째 그림은 노행자인 혜능이 방앗간에서 방아 찧는 모습입니다.

여섯 번째 그림은 5조 홍인 스님이 방앗간에 와서 주장자로 기둥을 세 번 치고 가십니다. 3경에 자기 방으로 찾아오라는 신호를 보낸 것입니다.

일곱 번째 그림은 혜능이 5조 홍인 스님께 찾아가서 금강경에 대해 제대로 가르침을 받고 의발(가사와 발우)을 전수받아서 떠나는 장면입니다.

여덟 번째 그림은 강을 건너는데, 혜능은 의발을 꽉 잡고 앉아 있고, 스승인 5조 홍인 스님이 노를 저으면서, "오늘은 내가 너를 건네주나 앞으로는 네가 많은 중생을 건네주라"고 부촉하시는 모습입니다.

아홉 번째 그림은 혜능이 강을 건너 도망가는데, 혜명 스님을 비롯한 다른 스님들이 5조 홍인 스님의 의발을 혜능이 탈취한 것으로 오해해서 쫓아가는 장면입니다.

열 번째 그림은 혜명 스님이 마음을 바꿔서 혜능에게 한 말씀 듣기를 청하니, 혜능이 최초의 법문을 합니다. "선도 생각하지 말고 악도 생각하지 마라. 그럴 때 그대의 본래면목은 무엇인가?"라는 혜능의 화두 같은 최초 법문은 '이 뭣고' 화두의 전신이라고 할 수 있습니다.

쌍계사 금당선원의 벽화에 그려진 혜능 스님의 일대기만 곰곰이 곱씹고 신심을 내면 바로 성품을 볼 수 있습니다. 혜능 스님은 아주 평범한 사람입니다. 아니 오히려 일반 서민보다 더 열악한 일자무식의 나무꾼이었습니다. 그런 분도 견성을 했다는 사실에서 큰 희망이 느껴지지 않습니까?

견성이, 깨달음이 저 높디높은 이상세계에 있는 것이 아니라 일상생활 속에서 볼 수 있고 느낄 수 있는 것입니다. 다만 지금 바로 이 자리에서 분별심을 갖지 않고 집착하지 않고 보면 보이는 것일 뿐입니다. 조계종단에서 깨달음의 사회화를 강조하고 있는데, 저는 깨달음의 보편화 · 사회화를 이루신 분이 6조 혜능 스님이라 생각합니다. 6조 혜능 스님을 조계종에서 극진히 섬기는 것도 다 그러한 인연의 소치일 것입니다.

냥의 수행일기

59

# 깨달음은 일상의 한 순간

## 깨달음의 빛, 행불(行佛)

지리산은 '큰스님이 수행하시는 곳'이라는 뜻으로 방장산이라고도 합니다. 쌍계사 금당의 서쪽에 있는 전각을 서방장, 동쪽에 있는 전각을 동방장이라고 합니다. 서방장의 주련은 《선문염송》에 나오는 게송인데 다음과 같습니다.

일견명성몽변회(一見明星夢便廻)
천년도핵장청매(千年桃核長青梅)
수연불성조갱미(雖然不成調羹味)
증여장군지갈래(曾與將軍止渴來)

밝은 별 한번 보고 문득 꿈을 돌이키니(깨어나니)
천년된 복숭아씨에 길쭉한 매화 열매라(청매가 열렸구나)

비록 좋은 국 맛은 아니지만(조미한 푸짐한 맛은 아니지만)
일찍이 장군께 주어 군사들의 갈증 그치게 하네.

게송을 제대로 읽으려면 당시 주변 상황을 파악해야 합니다. 위의 게송에도 얽힌 일화를 알아야 뜻을 간파할 수 있습니다.

《삼국지》에 보면, 조조가 적벽대전에서 패하고 퇴진할 때의 상황이 드라마틱하게 그려져 있습니다. 연일 패해서 도망을 가다 보니 군인들이 먹을 것도 없고 물도 없어서 쓰러져 죽어가는 형국이었습니다. 그때 조조가 지략을 내서 군인들에게 "자, 저 산을 넘어가면 아주 맛있는 매실이 열려 있다. 조금만 더 힘을 내자"라고 했습니다. 조조의 매실 얘기를 듣고 군인들의 입에서 침이 저절로 나와서 갈증을 해소했다고 합니다.

그 장군의 일화에 빗대어 부처님과 조사스님들, 선사들께서 가르침을 일깨워 주셔서 중생들의 갈증을 해소시켜 주신다는 내용을 게송으로 표현해 놓은 것입니다.

'어떻게 천 년이나 된 복숭아 씨앗에 청매가 열렸을까' 하는 것도 한번 연구해 볼 만합니다. '천 년이나 묵었는데?' '복숭아 씨앗을 심었는데 어떻게 청매가 열렸을까?' 하고 의문을 품고 골똘히 참구하면, 그 또한 화두가 되는 것입니다.

한편, 쌍계사 동방장에는 이런 주련이 걸려 있습니다.

영취염화시상기(靈鷲拈花示上機)

긍동부목접맹구(肯同浮木接盲龜)

음광불시미미소(飮光不示微微笑)

무한청향부여수(無限淸香付與誰)

영취산에서 꽃을 들어서 상근기에게 보여주시니

어찌 눈먼 거북이 부목을 만난 것과 같지 아니하리오.

가섭존자가 그를 보고 미소 짓지 아니했다면

한량없는 맑은 바람을 누구에게 주었겠느냐?

염화미소에 대한 일화를 담은 게송입니다. 부처님께서 모든 중생의 마음을 시원하게 해 주는 맑은 바람, 곧 진리의 가르침을 줄 사람이 없어서 걱정하셨는데, 다행히 가섭이 파안 미소로 알아차린 덕택에 무한한 청풍인 선법(禪法)이 전해 내려올 수 있었습니다.

가섭이 아난에게 그리고 계속 후대에 전하고 중국으로까지 전해져 중국의 초조 달마 대사에서 6조 혜능 스님에게까지 이어졌습니다. 6조 혜능 스님의 정상을 모신 지리산 쌍계사에서 선법(禪法)이 펼쳐져서 우리나라는 물론 전 세계로 퍼져 나간다는 소식을 전하고 있는 게송입니다.

이렇게 멋진 역사가 지리산 쌍계사에서만 이뤄져서야 되겠습니까? 아니지요. 시간과 공간, 역사를 뛰어넘어야 합니다. 바로 지금 이 자리에서 하루하루 살아가는 우리의 일상생활에서 몰록 깨닫고 성품을 보는 돈오(頓悟), 견성(見性)의 삶이 되어야 합니다. 부처가 되어 사는 삶, 행불(行佛)하는 삶은 결코 꿈이 되어서는 안 됩니다. 그 위대한 불성(佛性)을 우리 모두가 본래 지닌 것을 믿고 보고 실천하면 됩니다.

깨달음의 사회화 또한 머나먼 일이 아닙니다. 이미 우리에게 보여주신 부처님의 삶을 배우고 닮고 행하면 됩니다. 이 책과의 인연으로 받아들인 작은 깨달음의 빛이 자기 자신, 가족, 이웃에게만 그치는 것이 아니라 널리 널리 확산되어 우리나라, 아니 전 세계 사람들에게 닿을 때까지 우리 모두가 다함께 더욱 정진했으면 합니다.

냥의 수행일기

60

# 이미 부처의 길

누구나 부처가 되는 삶을
시작했음을, 이미 내가
부처임을...

# 안에 있을까?
# 밖에 있을까?

초판 1쇄 인쇄 2015년 3월 9일
초판 1쇄 발행 2015년 3월 12일

지은이 월호 배종훈

펴낸이 윤재승
펴낸곳 민족사
주간 사기순
디자인 남미영
기획편집팀 사기순 최윤영
영업관리팀 이승순 공진희

출판등록 1980년 5월 9일 제1-149호
주소 서울 종로구 삼봉로 81 두산위브파빌리온 1131호
전화 02-732-2403, 2404
팩스 02-739-7565
웹페이지 www.minjoksa.org, www.facebook.com/minjoksa
이메일 minjoksabook@naver.com



ISBN 978-89-98742-46-1 03220